# 40 Kurzgeschichten aus Spanien

Der große Sammelband zum Spanischlernen

von
Dr. Sonsoles Gómez Cabornero
Iván Reymóndez Fernández
Manuel Vila Baleato

**PONS**

# 40 Kurzgeschichten aus Spanien

Der große Sammelband zum Spanischlernen

von
Dr. Sonsoles Gómez Cabornero, Iván Reymóndez Fernández und Manuel Vila Baleato

Alle Personen und Handlungen sind erfunden. Ähnlichkeiten mit lebenden oder verstorbenen Personen und tatsächlichen Begebenheiten wären rein zufällig.

2. Auflage 2025

**© PONS Langenscheidt GmbH, Stöckachstraße 11, 70190 Stuttgart, 2024**
**www.pons.com/kontakt**
**Alle Rechte vorbehalten.**

**Autor der Geschichten 1, 3, 6 – 15:** Iván Reymóndez Fernández
(entnommen aus ISBN 978-3-12-562204-3)
**Autor der Geschichten 2, 4, 5:** Manuel Vila Baleato
(entnommen aus ISBN 978-3-12-562204-3)
**Autorin der Geschichten 16 – 40:** Dr. Sonsoles Gómez Cabornero
(entnommen aus ISBN 978-3-12-562204-3 (Nr. 16 – 20),
ISBN 978-3-12-562741-3 (Nr. 21 – 30),
ISBN 978-3-12-562869-4 (Nr. 31 – 40)

**Logoentwurf:** Erwin Poell, Heidelberg
**Logoüberarbeitung:** Sabine Redlin, Ludwigsburg
**Layout:** PONS Langenscheidt GmbH Stuttgart
**Satz:** HOX designgroup., Köln; tebitron gmbh, Gerlingen
**Druck:** Florjancic tisk d.o.o.

**ISBN: 978-3-12-566031-1**

# EINIGE WORTE VORAB

**Sie lieben Spanien, lesen gerne Kurzgeschichten und möchten etwas für Ihr Spanisch tun?**
Dann halten Sie das richtige Buch in der Hand! Mit 40 heiteren bis skurrilen, spannenden, manchmal nachdenklichen, aber niemals langweiligen Kurzgeschichten tauchen Sie ins spanische Leben ein und frischen so ganz nebenbei Ihre Sprache auf.

**Nicht nur lesen, sondern auch sehen!**
Bilder helfen unserem Gehirn ganz hervorragend, Dinge besser zu verstehen und abzuspeichern. Die Bilder in diesem Buch zeigen Schauplätze, Gegenstände und Handlungen, die Sie mitten ins Geschehen versetzen. Durch die Verknüpfung von Text und Bild – direkt an Ort und Stelle – lernen Sie im Handumdrehen neue Wörter. Unbekannte Wörter sind farbig und werden am unteren Ende der Seite in der Vokabelbox oder bei einem Bild übersetzt. Zentrale Textpassagen sind hervorgehoben.

**Lassen Sie sich inspirieren**
Nach manchen Geschichten finden Sie wunderschön bebilderte Seiten mit weiterführenden Informationen und einem Extra an neuen Wörtern. Erfahren Sie mehr über Land und Leute, besondere Orte und Traditionen.

Bevor es losgeht, lernen Sie auf den nächsten Seiten die Autorin und die Autoren dieses Buches kennen und eine Karte gibt Ihnen eine Übersicht über die Schauplätze der Geschichten.

**Viel Lesevergnügen wünscht Ihre PONS-Redaktion!**

# DIE AUTORIN UND DIE AUTOREN

**Dr. Sonsoles Gómez Cabornero**, geboren in Valladolid, Spanien, ist promovierte Historikerin und Dozentin für Spanisch und Spanische Kultur. Sie hat unter anderem am Instituto Cervantes in München sowie an der Technischen Universität München und an der Ludwig-Maximilians-Universität unterrichtet. Aktuell ist sie Fachbereichsleiterin Sprachen beim Bayerischen Volkshochschulverband. Als Lehrerin aus Leidenschaft, Autorin von Fachbüchern und Fachbeiträgen, interessiert sie sich für Land und Leute in Spanien und Lateinamerika.

**Iván Reymóndez Fernández** (Ribadeo/Galicien 1975) studierte Philologie an der Universität Santiago de Compostela. Er lehrte in mehreren europäischen Ländern wie Slowenien, Norwegen oder Österreich. Seit 2003 ist er als Dozent für Spanisch und Galicisch in München tätig. Zu seinen Interessen gehören neben Sprachen auch die römische Welt und die Übersetzertätigkeit aus dem Lateinischen.

**Manuel Vila Baleato** wuchs in Santiago de Compostela auf, wo er auch studierte. Als Erasmus-Student zog er nach Paderborn und war dort rund 20 Jahre als Spanisch- und Mathematiklehrer an einem Gymnasium tätig. Seit 2022 wohnt er wieder in Spanien, wo er als Lehrer arbeitet und weiterhin als Autor zahlreicher Bücher für Spanisch als Fremdsprache sowie von Lektüren tätig ist. 2018 erschien in Spanien sein Kriminalroman „Campus morte", der „Premio Frei Martín Sarmiento" gewann.

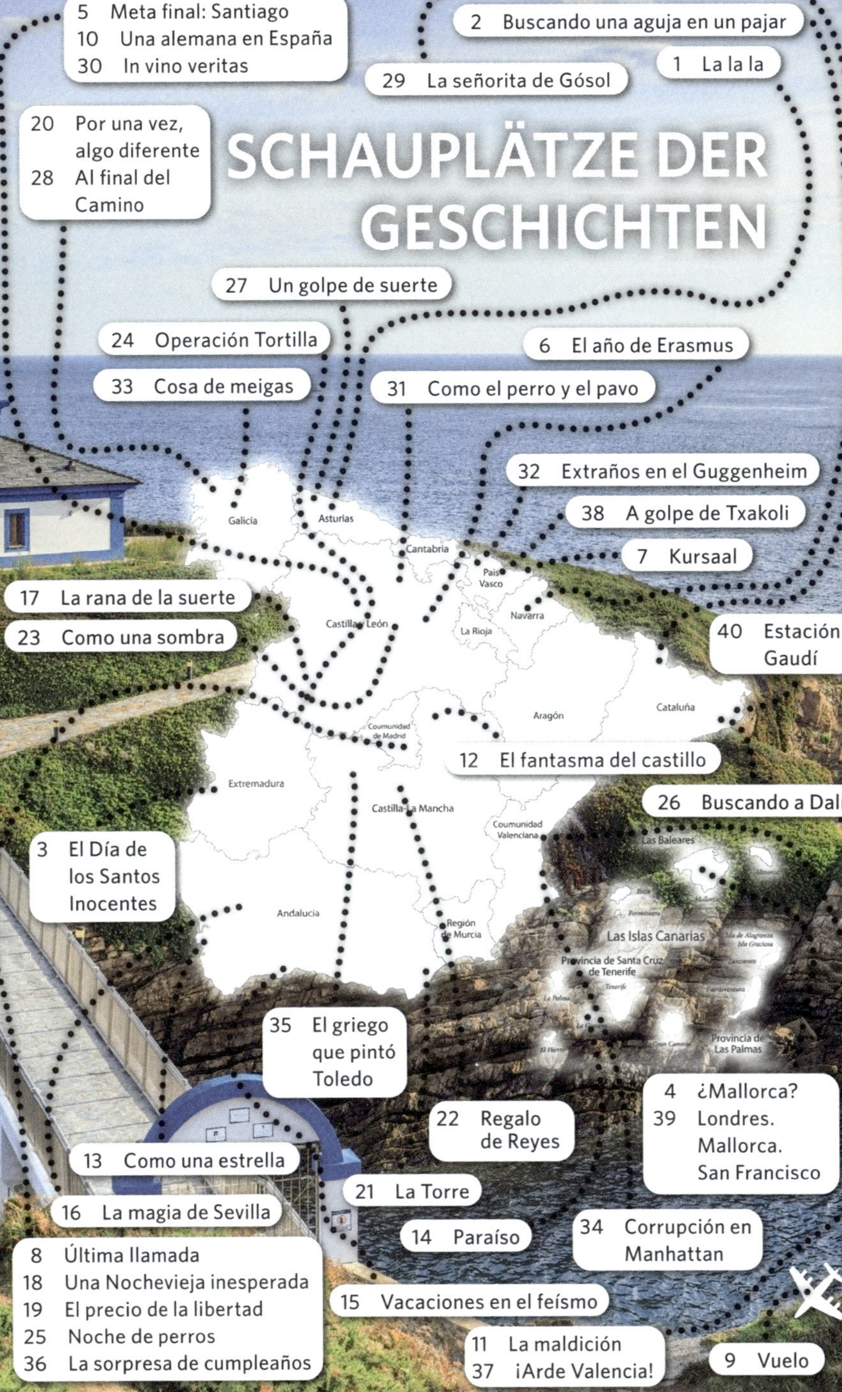
SCHAUPLÄTZE DER GESCHICHTEN
5 Meta final: Santiago
10 Una alemana en España
30 In vino veritas
2 Buscando una aguja en un pajar
1 La la la
29 La señorita de Gósol
20 Por una vez, algo diferente
28 Al final del Camino
27 Un golpe de suerte
24 Operación Tortilla
6 El año de Erasmus
33 Cosa de meigas
31 Como el perro y el pavo
32 Extraños en el Guggenheim
38 A golpe de Txakoli
7 Kursaal
17 La rana de la suerte
23 Como una sombra
40 Estación Gaudí
12 El fantasma del castillo
26 Buscando a Dalí
3 El Día de los Santos Inocentes
35 El griego que pintó Toledo
22 Regalo de Reyes
4 ¿Mallorca?
39 Londres. Mallorca. San Francisco
13 Como una estrella
21 La Torre
16 La magia de Sevilla
14 Paraíso
34 Corrupción en Manhattan
8 Última llamada
18 Una Nochevieja inesperada
19 El precio de la libertad
25 Noche de perros
36 La sorpresa de cumpleaños
15 Vacaciones en el feísmo
11 La maldición
37 ¡Arde Valencia!
9 Vuelo
Galicia
Asturias
Cantabria
País Vasco
Navarra
La Rioja
Castilla y León
Aragón
Cataluña
Comunidad de Madrid
Extremadura
Castilla-La Mancha
Comunidad Valenciana
Andalucia
Región de Murcia
Las Baleares
Las Islas Canarias
Provincia de Santa Cruz de Tenerife
Provincia de Las Palmas

# INHALT

# 1 LA LA LA

**Aunque**[1] es abril, todavía hace frío en **Oviedo**. Lo dice ella, Juana, y lo dice toda la gente que entra en la pastelería:

—¡Qué frío, Dios mío! —dice la Sra. Manuela mientras cierra la puerta.

—**¿Lo de siempre?**[2] —le pregunta Juana con una sonrisa.

—Lo de siempre —responde Manuela satisfecha.

Juana ha trabajado toda la vida en esa **pastelería**, "**La golosa**[3]", en pleno centro de la ciudad enfrente de la **catedral**. Incluso mucha gente cree que la pastelería es suya, pero no, la pastelería ha sido siempre propiedad de los Sres. de la Paz. Pero ahora ellos se han muerto y el **dueño**[4] es su hijo, que dice que quiere cambiar la pastelería, hacerla moderna. "¿Por qué cambiar las cosas que funcionan tan bien y hacen feliz a la gente?", piensa Juana. La idea de cambiar algo en aquel sitio donde ha pasado gran parte de su vida no le gusta nada.

Die **Santa Basílica Catedral de San Salvador de Oviedo** wurde zwischen dem 14. und dem 16. Jh. erbaut.

**Oviedo** ist die Hauptstadt der **Autonomen Gemeinschaft Fürstentum Asturien** und liegt im Norden Spaniens.

La pastelería es bastante grande, tiene una **zona de despacho** de pasteles y otra con **mesas** para servir café. Ella empieza a trabajar a las ocho de la mañana y termina a las ocho de la tarde. Es mucho tiempo, pero no le importa, pues la pastelería es su vida. Conoce a la mayoría de los clientes, qué les gusta, qué les molesta, si tienen problemas de salud, de amores, de dinero... La gente confía mucho en ella porque no es una **cotilla**[5], no habla de la vida de nadie. Se nota que cuando alguien le cuenta un secreto, el secreto queda con ella hasta la muerte.

Ese día, dos de abril, aparece el hijo de los Sres. de la Paz y con él dos hombres que traen un paquete muy grande.

—Aquí llega el progreso —exclama el nuevo dueño de la pastelería.

"Ay Dios, seguro que es una silla de esas modernas que parecen una tortura", piensa Juana, mientras observa cómo los hombres rompen el cartón y sacan del paquete

1 **aunque -** obwohl
2 **¿Lo de siempre? -** (hier:) So wie immer?
3 **el/la goloso/-a -** das Leckermaul
4 **el/la dueño/-a -** der/die Besitzer/in
5 **el/la cotilla -** die Klatschbase

Die **Jungfrau von Covadonga** ist die Schutzheilige Asturiens.

**Corín Tellado** (1927-2009) war nach Miguel de Cervantes die meistgelesene Schriftstellerin Spaniens. Bekannt war sie vor allem für ihre Liebesromane, von denen sie rund 4.000 schrieb.

una especie de caja gigantesca con un cristal oscuro.

—¡Una televisión! —exclama su nuevo joven jefe.

Al poco rato, allí en una esquina, está aquella caja que emite luz y sonidos. Juana mira a través del cristal de la puerta hacia la catedral de Oviedo, tan bonita con su torre gótica y su aspecto **señorial**[6]:

—**Virgen de Covadonga**, te pido paciencia —dice en voz baja.

Y entonces es cuando ve al Sr. Miguel con su mujer cruzando la calle hacia la cafetería. El corazón de Juana empieza a **latir**[7] velozmente. Todos los protagonistas masculinos de las novelas de **Corín Tellado**, esos libros que lee detrás del **mostrador**[8] cuando no hay gente, tienen el aspecto del Sr. Miguel: es alto, delgado, siempre elegante con su traje oscuro y su corbata roja. Sin embargo, su mujer, la Sra. Paca, le parece gris y triste.

"Parece que para ella vivir es un **castigo**[9]", piensa Juana, que ya está preparando en un plato los pasteles que siempre piden: un par de **casadielles** y una **manzanilla** para ella, y dos **marañuelas** y un café con un poco de coñac para él.

—Buenas tardes, Sra. Juana —dice él con una voz que a Juana le parece de **príncipe**[10].

—Ah, pero ¿qué es esto?

la casadielle

typisch asturisches Gebäck

—exclama la Sra. Paca con su voz **chillona**[11] cuando ve la televisión.
—Una televisión —dice Juana con un tono neutral.
Para su sorpresa, casi nadie parece estar molesto con la nueva presencia. Al final tiene que reconocer que hay cada vez más clientes, pues una televisión es aún algo muy exótico en la ciudad de Oviedo. El hijo de los Sres. de la Paz parece tener mucho tiempo libre para pensar.
"¿Por qué no se busca una novia?", piensa Juana, "con una novia no va a pensar tanto en la pastelería y cambiarla con sus ideas locas".
Pero el chico abre la boca para decir una más:
—Esta noche es el festival de Eurovisión y vamos a abrir la pastelería hasta tarde para los clientes. Así, mientras ven el festival, van a consumir muchísimo.
Y sin dudar más, pone un gran cartel en la puerta y en los cristales. A partir de las seis empiezan a llegar las personas, y entre ellos, el Sr. Miguel con su antipática mujer. Todas las mesas están ocupadas y Juana se tiene que quedar de pie detrás del mostrador. El festival le parece bastante aburrido, la gente canta en idiomas que ella no entiende ni le parecen bonitos.
"Es que no hay nada como el español con acento asturiano", piensa.
Ella no puede dejar de mirar al Sr. Miguel y piensa que bailar con él tiene que ser la cosa más bonita del mundo.

der Kamillentee

6 **señorial** - herrschaftlich
7 **latir** - schlagen
8 **el mostrador** - die Theke
9 **el castigo** - die Strafe
10 **el príncipe / la princesa** - der Prinz / die Prinzessin
11 **chillón/a** - schrill

la marañuela
typisch asturisches Gebäck, das am Ostersonntag gegessen wird

**Massiel** (*1947) ist eine spanische Sängerin, die in Spanien und Lateinamerika bekannt ist. Den größten Erfolg ihrer Karriere feierte sie mit dem Lied **La, la, la**, mit dem sie 1968 den Eurovision Song Contest gewann.

Cuando llega el momento de la canción de España, aparece la cantante **Massiel** en la pantalla e incluso Juana siente emoción. Le gusta aquella chica vestida alegremente y que canta esa especie de himno a la vida.

—¿Me traes otra manzanilla? —le grita la Sra. Paca.

Juana está **agotada**[12]. Ella quiere, por primera vez en su vida, sentarse, ser uno más de ellos, y, sobre todo, estar al lado del Sr. Miguel.

la gota
der Tropfen

Mientras le prepara la manzanilla a la Sra. Paca, Juana ve su **bolso** abierto y allí todavía está la medicina que le ha dado el Dr. Suárez para sus problemas **digestivos**[13]. Sin pensarlo, toma el **frasco** y echa varias **gotas** en la manzanilla.

die Flasche

—Aquí está, Sra. Paca, su manzanilla —le dice después de poner la taza encima de la mesa.

el bolso
die Tasche

Juana **no** le **quita ojo a**[14] la Sra. Paca. Esta tiene cada vez peor cara y se lleva la mano al estómago. Su marido le pregunta si está bien y ella finalmente se levanta.

—Voy a casa, te puedes quedar aquí. Falta poco para el final.

Ella sale de la pastelería y el Sr. Miguel se queda sentado. Tiene cara preocupada.

—Que ahora van a decir quién ha ganado —grita la Sra. Manuela.

Todos **callan**[15] con la mirada fija en la pantalla de televisión.

Juana se ha sentado al lado del Sr. Miguel. Cuando dicen que Massiel ha ganado, la pastelería **se convierte en**[16] una fiesta absoluta: todos ríen y se abrazan. Alguien pide **sidra** para **brindar**[17] y Juana corre a buscar una botella. El Sr. Miguel la abre y brindan por Massiel y España.

—Y Asturias, la mejor patria del mundo —grita alguien.

—Silencio, que ahora va a cantar de nuevo.

En la televisión aparece otra vez Massiel, más sonriente que antes, y empieza a cantar: "Yo canto a la mañana que ve mi juventud...".

El Sr. Miguel se pone de pie, **se inclina**[18] ante Juana y le dice con voz de príncipe:

—Sra. Juana, si es tan amable de permitirme este baile...

Juana se pone de pie y el Sr. Miguel la toma por la cintura y el brazo. Ambos bailan entre las mesas al ritmo de los aplausos de todos y la voz maravillosa de Massiel cantando: "La la la".

12 **agotado/-a** - erschöpft
13 **digestivo/-a** - Verdauungs-
14 **no quitar ojo a algo / alguien** - etw. / jmdn. nicht aus den Augen lassen
15 **callar** - schweigen
16 **convertirse en** - werden zu
17 **brindar** - anstoßen
18 **inclinarse** - sich verbeugen

die Nadel im Heuhaufen suchen

# 2 BUSCANDO UNA AGUJA EN UN PAJAR

1 de enero, 2 de febrero, 3 de marzo, 4 de abril, 5 de mayo, 6 de junio, 7 de julio... ¡**San Fermín**! Lena, canta en la plaza del ayuntamiento de Pamplona, llena de gente. Tras un año de espera por fin empiezan las fiestas más importantes de **Pamplona** –quizás también de España– con el famoso **chupinazo**.

En solo unas semanas termina su estancia en España, después de un año fantástico como estudiante Erasmus en la Universidad de Navarra. A sus 22 años, sus dos semestres en **Iruña** son, para Lena, la mejor experiencia de toda su vida.

A finales de mes, tiene que volver a Münster y terminar su carrera universitaria. Pero ahora no quiere pensar en la despedida, solo quiere reír, bailar y disfrutar del ambiente increíble de la ciudad.

Miles de personas con pantalones, camisetas y zapatillas blancas, además de un **pañuelo** rojo, llenan todas las calles de la ciudad. A las doce de la mañana comienza una semana de fiesta que no termina, casi sin pausa, hasta el 14 de julio.

das Halstuch

la muchedumbre
die Menschenmenge

Stadt in Nordspanien und Hauptstadt der autonomen Region **Navarra**. Der baskische Name der Stadt lautet **Iruña**.

offizieller Beginn von San Fermín, der mit einem Böllerschuss begangen wird

Fest zu Ehren des gleichnamigen Schutzheiligen von **Navarra**

Vereine, die während des Festes mit Transparenten, Musik und Gesang für Stimmung auf den Straßen sorgen

Con sus compañeros Erasmus, Lena continúa la fiesta por las calles y los bares de ciudad. Hay jóvenes de toda España, pero también muchos franceses, porque la frontera con Francia no está lejos. Pero en las calles hay gente de todas las edades, desde niños pequeños a abuelos y abuelas de 90 años. Se abrazan y gritan "¡Viva San Fermín!" mientras beben vino o **pacharán**.

En muchos restaurantes, las **peñas** tocan y cantan sus propias canciones antes de cenar en grupo todos juntos.

Lena está fascinada y le encanta ver como todo el mundo se saluda con la palabra "amigo" o "amiga". La tarde pasa divertida y rápida, y a las once de la noche, Lena está bailando con sus amigas Ainoa y Miren y un grupo de chicos valencianos muy simpáticos.

Lena nota un poco los efectos del vino y del pacharán, pero no **está borracha**[1] y disfruta por completo de la magia de la fiesta.

Aunque Lena no cree en el amor a primera vista y no se enamora fácilmente, uno de los chicos le llama mucho la atención y no puede parar de mirarlo. Entonces, de repente, el joven se acerca y

**el pacharán**
Anis-Schlehenlikör aus Navarra

**la endrina**
die Schlehe

1 **estar borracho/-a** – betrunken sein

la toma de la mano para bailar con ella.
—¿Puedo preguntar cómo se llama la chica con los ojos verdes más bonitos del mundo? —le pregunta el chico mientras se mueve al ritmo de la música.
Lena piensa que la pregunta es un poco **cursi**[2], pero se ríe y contesta con una sonrisa. Nacho, así se llama el chico, parece simpático y, además de bailar genial, es muy guapo.
Solo una hora más tarde, Lena tiene la sensación de que ese joven que acaba de conocer puede ser alguien realmente muy especial. Se siente tan bien que le gustaría bailar el resto de la noche con él. En un momento, los ojos verdes de ella y los ojos negros de él se miran a pocos centímetros de distancia y sus labios se juntan durante unos pocos segundos. Pero entonces aparece uno de sus amigos y Nacho desaparece entre frases que ella no puede comprender... "¡Ven, rápido!", "Es Marcos, vamos...".
Nacho se va inmediatamente después de decirle a Lena:
—Me tengo que ir pero voy a volver en un rato, ¿me esperas?
Pero el rato es demasiado largo y después de una hora, las amigas de Lena quieren continuar con la fiesta en otro bar. Lena decide esperar un poco más. Ainoa y Miren aceptan, pero dos horas más tarde las chicas salen finalmente del local. Lena busca a Nacho por las calles y pasa el resto de la noche con la esperanza de encontrar la cara del chico entre la gente.
Al día siguiente, Lena se levanta con la sensación de que necesita ver de nuevo a Nacho. Después de comer, las chicas salen otra vez a la calle y Lena piensa todo el tiempo en ese joven valenciano que en realidad apenas conoce. Cuando por

la noche, Lena propone ir de nuevo al mismo bar, sus amigas lo tienen claro:

—¡No puede ser! Estás enamorada de ese chico después de solo unas horas! —le dice Miren.

A ella no le gusta hablar de "amor", pero cree que es la primera vez que siente algo así.

Lamentablemente, en el local no hay **rastro**[3] de Nacho, y tampoco en los otros bares donde las chicas bailan toda la noche.

En el tercer día de San Fermín, Lena todavía busca a Nacho en los bares y en los grupos de gente que celebran las fiestas mientras la música llena de ambiente las calles de la ciudad una vez más.

Al día siguiente, Lena vuelve al bar de la primera noche y pregunta a los camareros. Quizás alguien conoce a Nacho o sabe algo de él.

Cuando por fin habla con la gente, ella misma reconoce que todo es un poco absurdo, porque no puede contestar a las preguntas: "¿Solo sabes que se llama Nacho?", "¿sabes por lo menos sus apellidos?", "¿tampoco sabes cómo se llaman sus amigos?", "¿sabes en qué hotel están?", "¿tienes alguna foto en el móvil?"...

Parece misión imposible encontrar a un chico alto, moreno, de ojos negros; con ropa blanca y roja... ¡como todo el mundo!

—¡Muchacha, es que tú estás buscando una aguja en un pajar! ¿Sabes cuántos miles de personas están celebrando las fiestas en esta ciudad? Creo que va a ser realmente complicado encontrar a ese chico —le dice por fin un camarero que acaba definitivamente con todas sus esperanzas.

Después de una semana de fiestas increíbles, Lena tiene que prepararse para volver a

2 **cursi** - kitschig
3 **el rastro** - die Spur

Alemania, pero todavía no puede olvidar al chico valenciano con el que sueña cada noche.

A finales de mes llega el momento de decir adiós y Lena va al aeropuerto con sus amigas. Después de facturar sus maletas y despedirse, toma un café mientras espera la salida de su avión. Entonces, casualmente, ve una **nota** en un **tablón de anuncios**[4] que hay en la cafetería del aeropuerto:

die Notiz

*¡Estoy buscando a una chica que se llama Lena!*
*Es alemana, estudiante Erasmus, de ojos verdes,*
*que vive en Pamplona.*
*Por una urgencia médica de un amigo, no tengo*
*sus datos, pero la estoy buscando*
*como un loco. ¿Alguien la conoce? Si es así, por*
*favor, aquí está mi correo electrónico:*
*busco_a_lena@mail.es*
*Nacho, de Valencia*

Con una gran sonrisa, mientras llaman a los pasajeros del vuelo a Hannover, Lena empieza a escribir en su móvil, aunque ella todavía no lo sabe, el e-mail más importante de toda su vida.

4 **el tablón de anuncios** – das schwarze Brett

# 3 EL DÍA DE LOS SANTOS INOCENTES[1]

Es el día 28 de diciembre y ha nevado un poco en Badajoz. Y otro día más cae a su terraza una prenda de ropa, esta vez, una **braga**.

—Otra vez —exclama Silvia—. No puede ser. Cada día es lo mismo. Esta **tía**[2] lo hace **a propósito**[3].

Todos los días cae una prenda de ropa. Y luego lo mismo: la vecina llama a la puerta y **se disculpa**[4]. Ella le da la prenda, hablan un poco y nada más. Pero reconoce que ahora espera cada día ese momento. Es todo un poco **contradictorio**[5]: por un lado, le molesta; por otro, le gusta. Y la vecina es una chica muy simpática y atractiva.

Silvia va a la terraza para tomar la braga, la deja encima de la mesa de la entrada, se pone el abrigo y sale a la calle. Pero cuando abre la puerta, siente un **impacto**[6] en su cara y cuando reacciona, está bañada de tinta roja.

—Asesina, criminal, ¡te mereces la muerte!

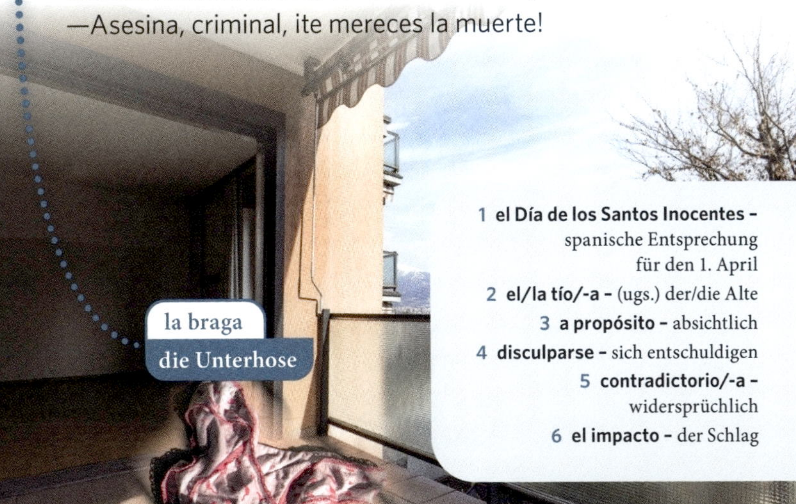

la braga
die Unterhose

1 **el Día de los Santos Inocentes** - spanische Entsprechung für den 1. April
2 **el/la tío/-a** - (ugs.) der/die Alte
3 **a propósito** - absichtlich
4 **disculparse** - sich entschuldigen
5 **contradictorio/-a** - widersprüchlich
6 **el impacto** - der Schlag

der Pullover

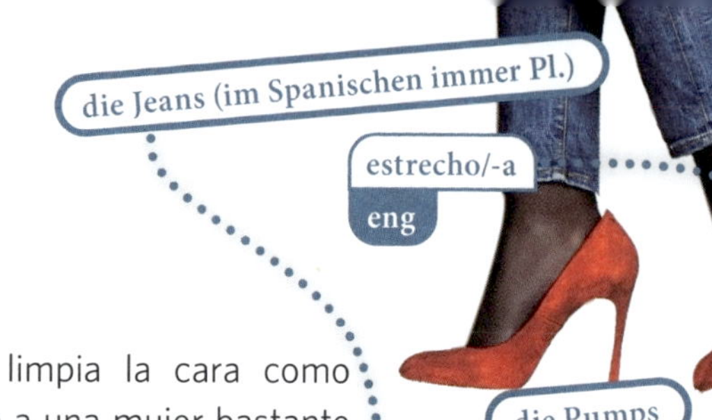


Silvia se limpia la cara como puede y ve a una mujer bastante gorda, vestida con un **jersey** verde muy grande, unos **pantalones vaqueros estrechos** y unos **zapatos de tacón** rojos.

—Tú y tu empresa de jamones, sois una **vergüenza**[7] para la humanidad. Pero vuestra hora está cerca, ¿me oyes?

Silvia entra como puede de nuevo en su edificio y corre a su apartamento. Está un poco asustada. Llama a la policía y después se lava la cara y se cambia de ropa. Cuando los agentes llegan, la mujer ya no está.

—Seguramente es una activista vegana radical. Cada vez hay más, pero son **inofensivas**[8].

—Ya, inofensivas, pero yo casi me muero de un infarto.

La policía se marcha y Silvia camina, todavía insegura, por las calles de Badajoz hacia su trabajo. **La Alcazaba** parece una postal con la nieve que cae.

Hinter dem Platz erhebt sich der maurische Turm **Torre de Espantaperros** aus dem Jahr 1169.

Die **Plaza Alta** ist einer der zentralen Plätze von **Badajoz**. Der von Arkaden umgebene Platz war im Mittelalter ein Marktplatz.

Der Platz grenzt direkt an das Gebiet der maurischen Festung **Alcazaba** an, das sich mit seinen Wehrtürmen, Zinnen, Gärten und einem Palast auf einer Fläche von 8 ha erstreckt.

Silvia es la directora de marketing de una **granja**[9] de **cerdos de pata negra** que produce jamón, el famoso **jamón ibérico**. Ama su trabajo y no entiende la reacción de personas como esa mujer. Los cerdos viven en libertad durante toda su vida. Corren por las **dehesas** comiendo las **bellotas** que caen de los **alcornoques** y nada más.

"Tienen una vida que ya me gustaría tener a mí", piensa al llegar a su oficina.

En Navidades apenas hay actividad. Casi toda la gente pide vacaciones para estar con su familia. Ella no tiene familia, ni novio. Ni novia.

Está pensando en su vecina. Se llama Alicia Grandi y es de origen italiano. Trabaja en una **protectora de animales**[10].

"Pero es normal, no una loca radical como...", piensa Silvia, mientras en su mente, de repente, aparece de nuevo la imagen de la **chiflada**[11] de la mañana.

—Tal vez es una **broma**[12] del Día de los Santos Inocentes —se dice a sí misma.

7 **la vergüenza** – die Schande
8 **inofensivo/-a** – harmlos
9 **la granja** – die Farm
10 **la protectora de animales** – der Tierschutzverein
11 **el/la chiflado/-a** – (ugs.) der/die Verrückte
12 **la broma** – der Scherz

Pero no, es imposible. Primero, casi nadie celebra ya esta fiesta. Segundo, vive en Badajoz desde hace poco tiempo y todavía no tiene amigos y esas bromas las hacen amigos.

A las cuatro de la tarde decide irse. Se despide de los pocos compañeros que están en el trabajo y vuelve a su casa caminando por la orilla del río. El Guadiana. Se pregunta si es verdad que es un río que aparece y desaparece, como se suele decir.

Finalmente llega a casa. No hay nadie delante.

—Por lo menos, no tengo a más activistas hasta mañana —dice **aliviada**[13] después de cerrar la puerta de su apartamento.

Pero cuando se quita el abrigo, ve que hay un **muñeco de papel pegado** en la **espalda**.

—Pues sí que va a ser la típica broma del día de hoy.

Su corazón late muy rápido. En el muñeco está escrito:

Silvia va a llamar a la policía cuando suena el teléfono.

—¿Diga?

—Hola, soy tu vecina. Te pido perdón. Otra de mis prendas ha caído en tu terraza. Pero hoy no puedo bajar a buscarla porque tengo un **esguince**[14] en mi pie. ¿Te importa subírmela? Te invito a cenar. He hecho una sopa. Creo que es lo ideal para un día tan frío como el de hoy.

El corazón de Silvia sigue latiendo muy rápido, pero ahora no es de miedo, sino de ilusión.

—Claro, ahora mismo subo.

—Perfecto, te espero.

Silvia se mira en el espejo. No se ve tan mal. Coge la braga y sube las escaleras. Cuando llega arriba, la vecina ya tiene la puerta abierta y la espera allí.

—¡Qué amable, querida! Siempre te estoy molestando con estas cosas. No sé qué me pasa con la ropa. Tengo que comprar **pinzas** nuevas. Pero pasa, pasa, la sopa ya está lista...

Pero Silvia se queda paralizada en la puerta del apartamento.

—¿Te ocurre algo?

—No, no me ocurre nada, pero no me puedo quedar. Aquí tienes tu ropa interior. Adiós.

Silvia baja corriendo las escaleras y cuando llega a su apartamento, cierra la puerta con llave. Cuando ha mirado al interior del piso de Alicia, ha visto en el suelo unos zapatos de tacón rojos. Los mismos de la loca de la mañana.

Es 29 de diciembre. El aire es frío, pero ya no nieva. Mira por la ventana mientras toma un café. Y entonces ve que cae otra prenda en su terraza. Un jersey inmenso de lana verde.

**13 aliviado/-a** – erleichtert

**14 el esguince** – die Verstauchung

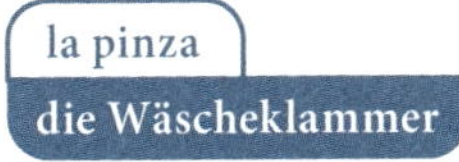

la pinza

die Wäscheklammer

# 4 ¿MALLORCA?

El día de su 40 aniversario de boda, Klaus y Uta celebran una gran fiesta con toda su familia en su pueblo, muy cerca del Harz alemán. Allí viven los dos desde su nacimiento, casi sesenta y cinco años antes, en la misma casa donde sus dos hijos los visitan **de vez en cuando**[1].
Su hija Kerstin está soltera y vive en Düsseldorf, su hijo Oliver vive en Hannover con su mujer española y sus dos niñas.
La fiesta de aniversario está siendo perfecta y todo va genial hasta que Oliver y su esposa Patricia muestran su regalo a Klaus y Uta.
Uta **abre los ojos como platos** cuando lo ve: un **vale** para unas vacaciones en Mallorca de una semana para dos personas. Uta intenta dibujar en su cara una sonrisa mientras le da el sobre a su marido, pero Patricia nota que a su suegra el regalo no le gusta nada. La reacción de Klaus no es muy diferente, pero de su boca salen los pensamientos de su sorprendida cabeza: "¿Un viaje a Mallorca? ¿Para nosotros?".
En ese momento Oliver sabe que la **propuesta**[2] de su mujer es, definitivamente, un **fracaso**[3]. A sus padres no les gusta viajar en avión, nunca han pasado sus vacaciones en el extranjero, y la idea de estar en un país donde no comprenden la lengua es, para ellos, una **pesadilla**[4]. Pero Uta y Klaus saben que su hijo y su mujer española solo les quieren dar una alegría y **agradecen**[5] el regalo con un abrazo y una sonrisa falsa.
Klaus y Uta van todos los años de vaciones con su propio coche al Mar del Norte y allí disfrutan de su tiempo libre durante dos

o tres semanas. Ahora, con casi 65 años, y por primera vez en su vida, tienen que pensar en coger un avión para volar a Mallorca.
Klaus discute con su mujer y le dice que quizás pueden hablar con su hijo, porque, definitivamente, él no quiere viajar a Mallorca. Uta tampoco tiene ganas, pero sabe que no pueden decirle algo así a Oliver y, sobre todo, a su nuera Patricia.
—¿Mallorca? ¡Por favor! ¡Es una isla llena de turistas, con las playas llenas de gente y alemanes e ingleses que solo quieren beber cerveza y sangría todo el día! ¿Hay en Mallorca algo más que el famoso "Ballermann"? —protesta sin éxito Klaus.
Finalmente una mañana del mes de junio, contra su **propia**[6] **voluntad**[7] y cuando ya casi son dos jubilados, Uta y su marido se suben al avión y vuelan por primera vez en su vida. Cuando el avión aterriza en Palma de Mallorca, Klaus todavía **está de mal humor**[8] y por eso al principio no es capaz de disfrutar del cielo azul y 15 grados de temperatura más que en Hannover.

1 **de vez en cuando** - ab und zu
2 **la propuesta** - der Vorschlag
3 **el fracaso** - der Reinfall
4 **la pesadilla** - der Albtraum
5 **agradecer** - sich bedanken
6 **propio/-a** - eigene/r/s
7 **la voluntad** - der Wille
8 **estar de mal humor** - schlecht gelaunt sein

Cuando llegan al hotel, Uta se alegra porque la chica de la recepción habla perfectamente alemán. La habitación, la comida española en el comedor y la piscina del hotel son excelentes y al final del día, el **matrimonio**[9] ya piensa que, después de todo, la idea de su hijo y su nuera quizás no es tan mala.

El segundo día, Uta y Klaus deciden pasar la mañana en la playa y ambos están fascinados por la agradable temperatura del agua, siete u ocho grados más alta que en su querido Mar del Norte.

En una **tumbona** y con una **sombrilla**, Klaus y Uta se refrescan con una **clara** bien fría para combatir el calor y no echan de menos su *Strandkorb*.

Esa misma noche, después de un masaje relajante y una ducha fresca, los dos van a tomar unas tapas a Palma y **pasean de la mano**[10] por la zona peatonal en el centro de la ciudad.

El tercer día, con su diccionario "Español-Alemán" debajo del brazo derecho, Uta saluda al personal del hotel con un "¡Buenos días!" y una sonrisa enorme.

Esa misma tarde, y con la ayuda de un camarero mallorquín muy simpático del hotel, escribe un mensaje en español en su móvil para su hijo Oliver y su nuera Patricia:

¡Hola, familia! Mallorca nos gusta mucho. El tiempo es fantástico y las tapas y la sangría también 😃 ¡Saludos a todos! Un beso, Klaus y Uta.

Cuando Oliver ve el mensaje, piensa que seguramente a sus padres la isla no les gusta mucho, pero no quieren mostrar que su regalo de aniversario es un fracaso total.

La semana de Uta y Klaus en Mallorca está llena de actividades diferentes. Un día visitan Sóller, un pueblo al norte de la isla, donde todavía funciona un tren de 1912. Al día siguiente **hacen senderismo**[11] y suben al **Puig Major**.

Otro día los dos nuevos turistas **alquilan**[12] un coche y visitan **Alcúdia**. Cuando termina el día, los dos están completamente enamorados del puerto y de toda la zona.

mit **1445** Metern höchster Berg Mallorcas in der **Serra de Tramuntana**

9 **el matrimonio** – das Ehepaar
10 **pasear de la mano** – Händchen haltend spazieren gehen
11 **hacer senderismo** – wandern
12 **alquilar** – mieten

malerisch gelegene Kleinstadt im Nordosten Mallorcas

Der **Naturpark S'Albufera** ist ein bedeutendes Feucht- und Vogelschutzgebiet der Balearen. Dort leben über 200 Vogelarten und es gibt mehr als 400 Pflanzenarten.

En su último día en la isla, Klaus y Uta deciden visitar el **parque natural de S´Albufera**, donde viven más de 200 **especies de pájaros** diferentes.

El tiempo pasa tan rápido, que los dos nuevos turistas están realmente tristes cuando el último día tienen que hacer las maletas y se despiden de la isla. Y entonces deciden, los dos juntos, hacer una pequeña última visita al puerto de Alcúdia antes de coger el avión para volar a Alemania.
Cuando Oliver, Patricia y sus niños los recogen en el aeropuerto de Hannover, Klaus y Uta aparecen **morenos**[13] y con grandes sonrisas en la cara.

Además de las maletas, los abuelos traen en las manos una **ensaimada** enorme y paquetes con regalos para sus nietos.

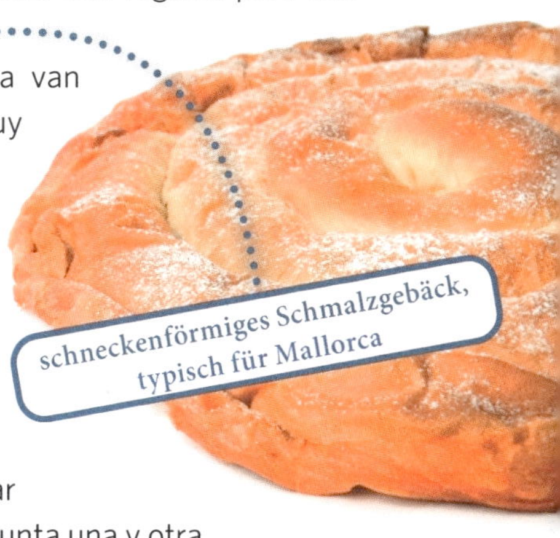


Justo cuando Oliver y Patricia van a empezar a hablar, Uta, muy concentrada y con los ojos en un papel que tiene en las manos, los sorprende en perfecto español con fuerte acento alemán:

—Familia, os tenemos que decir algo.

Patricia no puede reaccionar cuando su hija pequeña le pregunta una y otra vez:

—*Mama, was hat Oma gerade gesagt?*

Mientras todos la miran, Uta termina por fin su frase:

—Hoy hemos comprado un pequeño apartamento en Mallorca. ¡Con la jubilación nos vamos a vivir a Alcúdia!

**13 moreno/-a -** (hier:) sonnengebräunt

# Las Baleares ...

**... sind eine Inselgruppe im westlichen Mittelmeer. Bekannt sind vor allem die 5 bewohnten Inseln, die Sie hier kennenlernen. Daneben gibt es 146 unbewohnte Inseln.**

## MALLORCA

**Mallorca** heißt „die größere" und bezeichnet das Größenverhältnis zur Nachbarinsel **Menorca** („die kleinere"). Tatsächlich ist Mallorca auch die größte der Balearischen Inseln und auch die größte Insel Spaniens. Die Insel ist seit den 1960er Jahren ein Touristenmagnet, inzwischen kommen jährlich rund 10 Millionen Besucher und Besucherinnen.

## IBIZA

**Ibiza** ist für ihr Nachtleben, ihr Hippieflair, ihre Jetset-Szene und ihre legendären Sonnenuntergänge berühmt, die man in den Sunset-Bars bewundern kann. Im bekannten **Café del Mar** in **Sant Antoni de Portmany** versammeln sich seit 1980 die Menschen – inzwischen im Sommer bis zu 1.000 – um den Sonnenuntergang zu bewundern.

## FORMENTERA

• **Cap Formentor** bildet das östliche Ende der Halbinsel **Formentor**, die zu Mallorca gehört. Hier bieten sich von der 300 m hohen Steilküste spektakuläre Ausblicke.

## MENORCA

**Menorca** heißt „die kleinere" – was im Verhältnis zur Größe Mallorcas gesehen wird. Sie ist damit die zweitgrößte Insel der Balearen. Sie ist grün, ruhig und bietet einiges für Gourmets; berühmt sind der **Queso de Mahón**, ein Rohmilchkäse,sowie wie die **Salsa Mahonesa**. Letzteres klingt wie ...? Richtig, Mayonaise! Diese hat ihren Ursprung auf Menorca, in der Stadt **Mahón**.

## CABRERA

**Cabrera** liegt nur ca. 13 km von Mallorca entfernt. Auf der kargen Insel, mit nahezu unberührter Natur, leben nur knapp 20 Menschen. Die gesamte Insel wurde 1991 zum Nationalpark ernannt, weshalb dort auch die Anzahl der Übernachtungen streng reglementiert ist.

**Formentera** liegt vor der Südwestküste Ibizas und ist sehr flach. Die Insel hat 70 km Küstenlinie und die schönsten Strände des Mittelmeers mit türkisfarbenem Wasser und hellem Sand.

# 5 META FINAL: SANTIAGO

**Miércoles, 17 de julio** Después de un duro año de trabajo, mañana por fin empiezo mis vacaciones. Necesito descansar, desconectar, salir de esta ciudad. Ya no puedo más. Y no solo por el estrés del trabajo, sino porque mi vida personal es un caos. Mi psicóloga me ha dicho que necesito espacio para poder tener las ideas claras. Mejor dicho, LA IDEA: Mi problema es que creo que estoy enamorada de Adrián, uno de mis compañeros de oficina. Digo "creo" porque no estoy segura. Y no lo estoy porque también quiero mucho a Lucas.
¿Cuál de los dos es el hombre de mi vida? Para responder a esta pregunta mi psicóloga dice que tengo que "encontrarme". Y que un buen modo de lograrlo es hacer el **Camino de Santiago**. Sola. Y también escribir este diario. Así que mañana empiezo a caminar desde O Cebreiro los 154 kilómetros de distancia que hay hasta la capital de **Galicia**.
¡Santiago de Compostela, allá voy!

**Jueves, 18 de julio** Estoy en Triacastela, después de caminar 21 kilómetros. Ha sido un día duro y estoy cansada, pero también muy contenta, porque realmente creo que el Camino me va a ayudar.
Hoy he visto lo importante que es tener material adecuado: una **mochila** ligera, unas **botas** buenas, una **gorra** y unas gafas de sol, además de llevar siempre agua.
No soy la única **peregrina** que camina sola. También hay parejas y muchos grupos, pero no es raro ver a gente de todas las edades que decide hacer el camino sin compañía. Mientras caminas, es fácil hablar con el resto de la gente.

Hoy he conocido una pareja de León y un chico de Sevilla muy simpático. Pero en el camino también tienes tiempo para estar solo y pensar. Para pensar en esos dos chicos que no paran de **dar vueltas**[1] en mi cabeza: Lucas y Adrián, Adrián y Lucas. La psicóloga me ha dicho que tengo que escribir sobre ellos, así que, allá voy...

Lucas fue mi novio en la universidad y ahora, cuando estoy a punto de cumplir los 40 años, me llama a veces y vamos a cenar o a ver una película al cine. Él me conoce bien y estoy cómoda con él, pero a veces es un poco aburrido. Es un chico guapo, simpático, educado... Vamos, el marido que todas las madres quieren para sus hijas.

Adrián es diferente. La verdad es que él es un poco

1 **dar vueltas** – (hier:) herumspuken

un "**vividor**[2]". A veces, solo cuando él tiene mucho tiempo libre o no tiene un plan mejor, me escribe un mensaje o me llama y salimos juntos. Entonces quedamos para tomar una copa y bailar. Lo pasamos bien juntos, pero no me puedo imaginar una relación seria con él.
Ya es demasiado tarde, y mañana tengo que levantarme temprano. Me esperan 24 kilómetros hasta llegar a Sarria.

**Viernes, 19 de julio** Acabo de llegar al hostal. **Estoy hecha polvo**[3]. La etapa de hoy ha sido realmente muy dura. Además, ha hecho mucho calor, con temperaturas de más de 30 grados. Me duelen las piernas y tengo una **ampolla**[4] en un pie. Esta tarde, por un momento, he pensado en **abandonar**[5], en llegar al próximo pueblo y llamar a un taxi para volver casa. Pero entonces ha llegado Santi, el chico sevillano de ayer. Ha hecho una pausa conmigo y después de comer un poco de fruta, hemos caminado los últimos kilómetros juntos. Hablar con él ha sido bueno para mí, ahora me siento más fuerte.
Aquí y ahora, con los pies en el río, escribo este absurdo diario mientras tomo una cerveza bien fría. Y ya me siento mejor. Mucho mejor. Esta noche voy a dormir como una niña pequeña.

**Sábado, 20 de julio** No sé si voy a encontrarme a mí misma o si al final de este viaje voy a saber si estoy realmente enamorada de Adrián o de Lucas, pero de algo estoy segura: la experiencia es fantástica. Hoy he pensado muy poco en Adrián, pero tampoco me he acordado mucho de Lucas. Por la mañana he caminado todo el tiempo sola, pero después de comer, he ido con un grupo bastante grande, con gente de México, Madrid e Italia, además de mis "antiguos compañeros" de León y Sevilla. Casi todos hacemos más o menos las mismas etapas y dormimos en los mismos pueblos, así que no es raro encontrar

a la gente todos los días. Algunos también pasan la noche en los mismos **albergues**.
Ya no me duelen los pies y mis piernas están mejor.

**Domingo, 21 de julio** Todo esto es muy intenso. Tengo compañeros de viaje que ya son amigos de verdad. Mientras caminas tienes mucho tiempo para hablar. Puedes contar toda tu vida, tus secretos... y al final del día tienes la sensación de que conoces muy bien a la persona que va a tu lado durante horas. Quizás mejor que a Adrián y Lucas. Definitivamente, hacer el Camino es una gran idea.

**Lunes, 22 de julio** Ya solo quedan dos días y me da pena pensar en el final. Hoy he caminado todo el día con Santi y con un chico de Toledo. Ellos duermen en el albergue, pero yo paso la noche en un hotel. Y no escribo más porque hemos quedado para cenar juntos a las nueve y media. Y todavía me tengo que duchar y arreglarme... ¡Chao!

**Martes, 23 de julio** Ya casi estamos en Santiago. Acabo de notar que escribo en la primera persona del plural, porque realmente me siento como parte de un grupo. Hoy, otra vez, no he caminado sola. Primero charlas con unos, después con otros. Comes con una parte del grupo... ¿Quién se acuerda todavía de Adrián y Lucas?

2 **el vividor** – (hier, ugs.:) der Windhund
3 **estar hecho/-a polvo** – (ugs.) fix und fertig sein
4 **la ampolla** – die Blase
5 **abandonar** – aufgeben

**Miércoles, 24 de julio** ¡Ya estoy en Santiago de Compostela! Ya hemos llegado a la ciudad, que además, hoy celebra la noche más importante del año, con unos fantásticos **fuegos artificiales**[6]. Hemos dado un paseo por la zona vieja y ¡es espectacular! La llegada a la **Plaza del Obradoiro** ha sido emocionante. He entrado con un grupo de 14 personas y nos hemos dado un abrazo. Ahora, para celebrarlo, vamos a cenar juntos en un restaurante muy cerca de la catedral. Santi me recoge en 20 minutos... ¡Me voy!

**Jueves, 25 de julio** Hoy es fiesta en Galicia, porque es el día de Santiago. Para mí también es el día de Santiago, pero no el Apóstol, sino el chico de Sevilla que creo que me ha robado el corazón después de una semana juntos y la fantástica noche de ayer.
Aquí y ahora, al final del Camino, sé que mi meta en realidad se llama Santi; Santiago.

6 **los fuegos artificiales** – das Feuerwerk

Santiago de Compostela
Die Stadt mit ihrer Kathedrale ist das Ziel des Jakobswegs und eines der bedeutendsten christlichen Pilgerziele.
Der Bau der Kathedrale begann im 11. Jh.; sie erstreckt sich auf eine Fläche von über 20.000 m².
la torre
der Turm
Platz mit der Kathedrale von Santiago de Compostela und Endstation des Jakobswegs
il muro
die Mauer
la escalera
die Treppe

# 6 EL AÑO DE ERASMUS

la perrunilla das Schmalzgebäck

Fluss, der durch das nordspanische Burgos fließt

Max está desayunando en un café con vistas al **río Arlanzón**. Es algo que hace los sábados, mientras lee el periódico: unas **perrunillas** y un café bien **cargado**[1]. Hace ya bastante calor, aunque apenas son las diez de la mañana. Pero en junio las temperaturas en Burgos pueden llegar a ser altas. Su año Erasmus está llegando a su fin. La realidad ha sido muy diferente a su idea inicial para este año: muchos amigos **burgaleses**[2], hablar mucho español, ir a muchas fiestas, viajar mucho por España y, sobre todo, tener una novia española. Bueno, tener una novia, sin importar de dónde. No ha habido ni muchos amigos burgaleses, ni ha hablado tanto español, ni ha ido a fiestas ni tiene novia. Es verdad que tiene algún conocido español, pero amigo no puede decir. Para él la diferencia entre "Bekannte" y "Freund" es todavía importante. En España todos se llaman amigos muy rápido. Sin embargo, sí que ha viajado bastante, sobre todo por Castilla-León. Y Burgos la conoce ya perfectamente. La **catedral de Burgos** le recuerda a la de Colonia, su ciudad natal.

"Bueno, la de Colonia siempre va a ser la más bonita del mundo", piensa.

Die Kathedrale von Burgos stammt aus dem 13. Jh. und zählt zum Weltkulturerbe der UNESCO.

Con las chicas no ha tenido suerte, pero esto no es nuevo. En Alemania tampoco tiene mucho éxito. Puede ser por su carácter tímido, puede ser porque no es un Adonis. Cuando se mira al espejo, ve un chico muy **delgado** y **pálido**, con los ojos verdes y el pelo castaño. Sueña que es otro chico: un chico muy fuerte y masculino. Un típico macho que gusta a las chicas. Pero en el espejo siempre ve el mismo chico flaco y sin color.

Vuelve caminando a su piso por la orilla del Arlanzón y se pasa la tarde estudiando para el examen del día siguiente.

Es lunes y Max está sentado ya en el aula. Los otros estudiantes comentan preguntas y dudas de la materia, "Sintaxis diacrónica del español". Ha intentado hablar con algunos durante el curso. Reaccionan siempre de forma muy amable y prometen muchas cosas como "Ah, tenemos que quedar, te voy a enseñar un local de música que vas a **flipar**[3]. Te llamo un día...". Max sabe que un día es nunca.

El profesor entra finalmente, reparte las hojas y todos empiezan a escribir en silencio. De repente, Max siente que le tocan la espalda.

—Eh, chico, pon la hoja más a la derecha para poder **copiar**. Que no he estudiado nada, anda.

1 **cargado/-a** – (hier:) stark
2 **burgalés / burgalesa** – aus Burgos
3 **flipar** – ausflippen

Max no **se atreve**[4] a volverse. El profesor parece escondido detrás del periódico abierto, pero en cualquier momento puede bajarlo para mirar. Sabe que detrás tiene a Carmen, una chica guapísima en la que se ha fijado varias veces. Su corazón late muy rápido. No le gusta la idea de **hacer trampas**[5]. Sin embargo, pone la hoja más a la derecha y la chica, que está sentada en la fila superior detrás de él, empieza a escribir.
Cuando el examen termina, Carmen se acerca a Max:

—Gracias, me **has salvado**[6] la vida.

Max cierra los ojos un segundo y finalmente se atreve a preguntar:

—¿Te apetece ir a tomar un café hoy por la tarde después de las clases?

Carmen lo mira con curiosidad.

—Bueno, pero solo tomar un café, que

Eines der zwölf Stadttore von **Burgos**, das im 16. Jh. in Form eines Triumphbogens zu Ehren **Karl V.** neu erbaut wurde.

vosotros, los chicos, luego no conocéis límites.

Max se pone rojo y Carmen se ríe:

—Te has puesto rojo. ¡Lo he dicho en broma! Vale, a las cinco en el café de la Facultad.

Carmen se va luego con su grupo de amigos.

—Oye, **tía**[7], ¿has visto que hay un concierto de **Supersubmarina**[8] la semana próxima? ¿Te vienes?

—Sí, lo he visto, pero **estoy sin un duro**[9], tía. La próxima vez.

—¿Y qué tal el examen?

—Pues bien, pero porque le he copiado al **guiri**[10] ese... —y cuando lo dice, señala a Max, y este siente que se quiere morir de **vergüenza**[11] y se va.

Esa tarde a las cinco, Max está sentado en la cafetería de la Facultad. Pasan los minutos, sabe que los españoles no son muy puntuales, pero cuando a las seis ya no queda casi nadie y el camarero le dice que van a cerrar, Max se levanta, coge sus libros y se marcha a su casa. **Distraído**[12] camina por **el casco antiguo** y pasa por el **Arco de Santa María**, uno de sus lugares favoritos de la ciudad. Pero hoy ni **se fija en**[13] él. Está demasiado **decepcionado**[14]. En su mano lleva las entradas para el concierto de Supersubmarina que ha comprado antes con la intención de invitar a Carmen a ir.

4 **atreverse** - sich trauen
5 **hacer trampas** - schummeln
6 **salvar** - retten
7 **el/la tío/-a** - (ugs.) der/die Alte
8 **Supersubmarina** - spanische Indie-Rock-Band
9 **estar sin un duro (ugs.)** - pleite sein
10 **el/la guiri (ugs.)** - der/die Ausländer/in
11 **la vergüenza** - die Scham
12 **distraído/-a** - zerstreut
13 **fijarse en algo / alguien** - etw. / jmdn. bemerken
14 **decepcionado/-a** - enttäuscht

La semana siguiente tienen el último examen del curso. No **ha vuelto a ver**[15] a Carmen hasta ese día. Max intenta no mirarla, pero ella va hacia él.

—Chico, perdóname por no ir la semana pasada a la cafetería. Problemas con la familia, ya sabes... ¿Cómo estás?

—Bien, estoy bien.

Carmen se acerca y le pregunta muy bajo:

—Mira, estoy desesperada, no he podido estudiar nada. ¿Te importa si me vuelvo a sentar detrás de ti y me enseñas tus preguntas? Va a ser la última vez, te lo prometo. Y después podemos ir a tomar todos los cafés del mundo.

El profesor entra en el aula, reparte los exámenes, todos escriben en silencio y Max pone la hoja de respuestas hacia la derecha. Cuando terminan el examen, Carmen lo espera en la puerta.

—Gracias, de nuevo. ¿Quedamos por la tarde en el café de la cafetería? ¿A las cinco?

—Vale.

El sábado por la noche Max está **saltando** en el concierto de Supersubmarina. Por supuesto, Carmen no ha aparecido en la cafetería. Pero ahora canta con todas sus fuerzas y siente que la vida es muy bonita. No está enfadado. Él no ha perdido gran cosa. Pero Carmen sí. Y sus ojos verdes brillan con las luces de neón y su pelo está **empapado de sudor**[16] por el calor y el baile. Está contento.

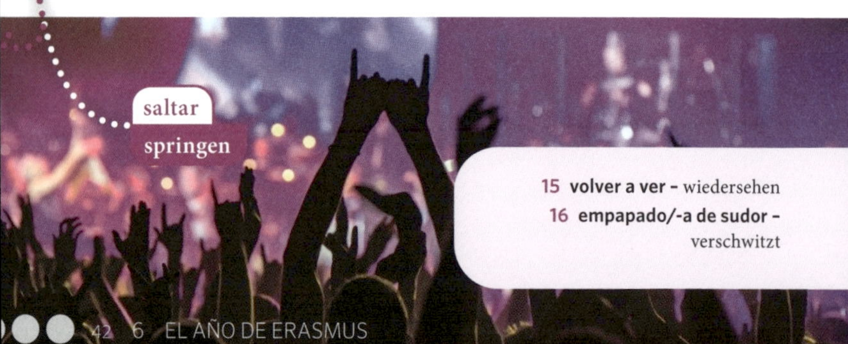

saltar

springen

15 **volver a ver** - wiedersehen

16 **empapado/-a de sudor** - verschwitzt

# 7 KURSAAL

Kongress- und Kulturzentrum sowie Austragungsort des Internationalen Filmfestivals von **San Sebastián**.

Francisco pasea entre los invitados después de la proyección de la película en el **Kursaal** de San Sebastián. Lleva una **bandeja** con copas de cava y las ofrece con una sonrisa. Es septiembre y el primer día del Festival de Cine de San Sebastián. Francisco es camarero desde siempre. Lo ha sido ya desde la universidad: al principio como algo temporal; ahora ya lo hace desde hace veinte años y sabe que va a ser así para siempre. No dura mucho en el mismo bar o restaurante.

la propina
das Trinkgeld

Lo **contratan**[1] por unos meses y después lo **despiden**[2] para no tener que hacerle fijo. Es así en el sector de la gastronomía. Pero el verano es un buen mes, pues hay muchos turistas y las **propinas** son generosas. Esto pasa, sobre todo, durante el Festival. Las jornadas de trabajo son largas y difíciles, pero el dinero es proporcional.

Los actores y actrices todavía le fascinan, aunque el cine no lo hace. Las historias son todas muy parecidas y artificiales. El **estreno**[3] de hoy es la película "En tus brazos", y la protagonista es Stefanie Burmeister. La ha visto en varios anuncios de la calle y en **portadas**[4] de revistas que no lee. Ahora la ve allí, a pocos metros. Es tan guapa como en la publicidad. Ella ahora es el centro. Él se siente **invisible**[5]: se ve, pero no se ve. Es como las lámparas o las alfombras. Pero no le importa. Sabe que no es personal.

Cuando termina el trabajo y se cambia de ropa, ya es más de medianoche. Camina hacia su casa con la imagen de Stefanie en la cabeza. Mira en el móvil si en su **aplicación**[6] de contactos hay alguna novedad. Sí, un par de chicas que quieren **ligar**[7] y vivir su aventura de verano durante el Festival.

Hay una MartinaJ95. La foto no está mal, aunque todas parecen al final un poco las mismas. Él tiene todavía una foto de hace diez años. Es mentir, pero todos lo hacen.

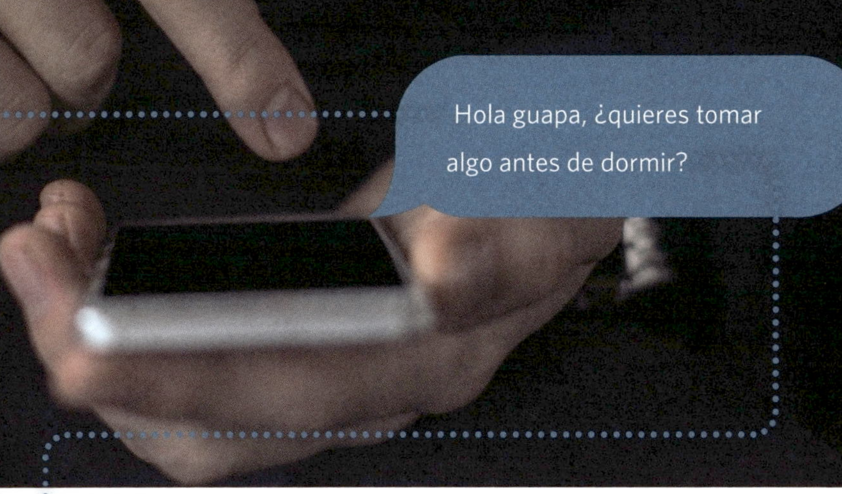


La chica tarda en responder.
—Quizás mañana.
Conoce bastante bien el código: "mañana" suele significar "si no tengo mejor opción". Pero sabe que no es algo personal tampoco. Él también dice a veces "mañana". Bueno, no tantas veces. A partir de cuarenta ya no puedes elegir.
Vive en un pequeño apartamento que **comparte**[8] con Emilio, otro camarero. Pero Emilio tiene un trabajo fijo en un restaurante de cocina vasca bastante bueno. Allí pagan bien. Al contrario que Francisco, Emilio no usa las aplicaciones de contactos. Prefiere pasar las horas jugando en la consola.
—Un *gamer*, **tío**[9], ser *gamer* es mejor. Mejor que buscar.
—¿Buscar? Buscar ¿qué?
—Pues el amor, tío, el amor.
El amor. Nunca piensa en esto. Solamente a veces, cuando ve fotos de hace tiempo, como esa foto del perfil, y piensa cómo será

1 **contratar** - einstellen
2 **despedir** - entlassen
3 **el estreno** - die Premiere
4 **la portada** - die Titelseite
5 **invisible** - unsichtbar
6 **la aplicación** - die App(likation)
7 **ligar (con alguien) (ugs.)** - mit jmdm. flirten / jmdn. aufreißen
8 **compartir** - teilen
9 **el/la tío/-a** - (ugs.) der/die Alte

la vida dentro de diez años más. ¿Va a ser todavía camarero? ¿Va a vivir todavía con Emiliano? ¿Va a poder encontrarse con mujeres a través de la aplicación? ¿Y dentro de veinte?

A veces mira Instagram o Facebook. La mayoría de sus amigos aparecen sonrientes con familia, delante de la torre Eiffel o el Big Ben. O practicando algún deporte en la naturaleza. Pero trata de no mirar estas cosas. Le **hacen daño**[10]. Después de tomar una ducha y escribir "hola guapa" a un par de chicas más que no responden, decide dormir.

Está de nuevo en Kursaal con su bandeja de copas de cava. Está de buen humor porque MartinaJ95 le ha confirmado una **cita**[11] a las nueve de la noche. De repente, alguien le toca el brazo. Se vuelve. Es la actriz del día anterior.

—Perdón, ¿puedo tener una copa? Me muero de sed.

—Por supuesto —dice Francisco con una sonrisa.

Stefanie Burmeister toma la copa y bebe un poco. No dice nada. Mira a su alrededor.

—Mañana voy a estar en otro sitio. Y usted le va a dar la copa a otra persona. ¿No es rara la vida? Uno es una presencia casual. O una **ausencia**[12] casual.

Francisco no sabe qué decir. No es muy bueno reaccionando a estas reflexiones.

—Echo de menos mi casa, mi marido, mis hijos, mis padres, mis amigos. Usted va a pensar que lo tengo todo. Y lo tengo todo, pero no es aquí, en este Kursaal. Estas luces son secundarias.

Stefanie le **devuelve**[13] la copa y sonríe.

—Gracias. Y gracias por escuchar.

Francisco hace un gesto con la cabeza y la ve **alejarse**[14] entre la gente.

Después del trabajo camina hacia el "Casablanca", un café antiguo cerca del **paseo de la Concha**.
Cuando se acerca, reconoce a través de los **cristales** a MartinaJ95 por la foto del perfil.
"Una foto de hace diez años", piensa.
Se queda parado en la puerta con la mano en el **picaporte**[15].
MartinaJ95 mira su móvil. Cuando levanta la cabeza para ver si Francisco ha llegado, no ve a nadie.
Francisco no ha entrado en el "Casablanca". Cuando llega a su casa, desinstala la aplicación de contactos.
Todavía no sabe cómo, pero va a hacer lo posible para no ser una presencia casual. Ni una ausencia casual. Simplemente quiere ser.

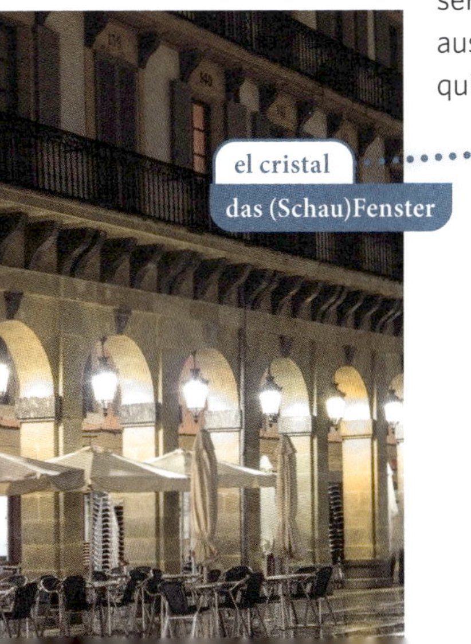

el cristal
das (Schau)Fenster

10 **hacer daño a alguien** - jmdm. wehtun
11 **la cita** - das Date
12 **la ausencia** - die Abwesenheit
13 **devolver** - zurückgeben
14 **alejarse** - sich entfernen
15 **el picaporte** - die Türklinke

# San Sebastián …

… auf baskisch **Donostia**, ist die Hauptstadt des Baskenlandes und liegt an der Nordküste Spaniens, am Golf von Biskaya, nur rund 20 km von der französischen Grenze entfernt.

**San Sebastián** sieht mit ihren Hügeln, der markanten Concha-Bucht und der Christus-Statue ein wenig wie die kleine, spanische Version von Rio de Janeiro aus. In der brasilianischen Metropole wiederum gibt es eine San Sebastian-Kathedrale und der Schutzpatron Rio de Janeiros ist … Sie ahnen es … San Sebastián!

la estatua
die Statue

la colina
der Hügel

Ein typisch baskischer Sport ist **Pelota**, bei dem ein Ball – ähnlich wie beim Squash – gegen eine Wand gespielt wird. Geworfen wird der Ball, je nach Region, mit der Hand, einem Holzschläger oder einem Spitzkorb. Letzterer ist hauptsächlich in den USA im Einsatz, wohin der Sport durch baskische Auswanderer und Auswanderinnen gelangte. Dort heißt er Jai-Alai, was auf Baskisch „fröhliches Spiel“ bedeutet.

**Euskadi**, das Baskenland, liegt in der spanisch-französischen Grenzregion und zeichnet sich, neben seinen kulturellen Besonderheiten, durch seine Sprache aus. Das Baskische - **Euskara** - ist im wahrsten Sinne des Wortes einzigartig, denn es ist, nach heutigem Kenntnisstand, als einzige gesprochene Sprache mit keiner anderen Sprache verwandt! Hier eine kleine Kostprobe: **Hallo & Tschüss** heißen auf Baskisch **Kaixo & Agur**!

la bandera
die Fahne

Die Baskenmütze stammt übrigens nicht aus dem Baskenland, sondern aus der französischen Nachbarregion Béarn.

la bahía
die Bucht

**San Sebastián** gilt als kulinarische Hochburg des Baskenlandes mit einer hohen Dichte an Michelin-Sternen und einer Küche von allgemein hohem Niveau. In der Stadt und deren Umland haben sich die angesehensten Köche und Köchinnen des Baskenlandes mit ihren Restaurants niedergelassen; darunter z. B. **Juan Mari Arzak**, der als bester Koch Spaniens gilt.

Sollten Sie einmal vor Ort sein, probieren Sie unbedingt die **Pintxos de Donostia**. Dabei handelt es sich um Tapas in undenkbar vielen Varianten, die man besonders in den Kneipen der Altstadt findet - dazu trinkt man **Txakoli**, einen sehr trockenen baskischen Weißwein aus dem Weinanbaugebiet **Getaria**.

el cocinero
der Koch

# 8 ÚLTIMA LLAMADA[1]

Julián no quería viajar a ningún país si no se hablaba español allí. Rebeca ya se imaginaba por qué: porque ella hablaba inglés y francés muy bien y Julián no podría decir mucho. Era una cuestión de poder. Como todo en esta relación. En el vuelo de Asturias a Madrid apenas habían hablado. Antes habían tenido una discusión muy fuerte por una tontería: la forma de hacer las maletas y lo que había que llevar. Siempre discutían por algo. Y Julián siempre ganaba. Pues Julián podía decir cosas feas y gritar. Sabía muy bien hacerlo. Ella, no. Y al final no podía dormir si Julián no estaba contento con ella. Era una constelación habitual en muchas parejas. Pero esto no la **consolaba**[2].

Por lo tanto, habían elegido **Guinea Ecuatorial**, aunque no sabía muy bien qué podían ver allí.

Äquatorialguinea war bis **1968** spanische Kolonie; es ist das einzige afrikanische Land mit Spanisch als Amtssprache.

Das Land ist touristisch weitgehend unberührt und bietet wunderschöne Landschaften.

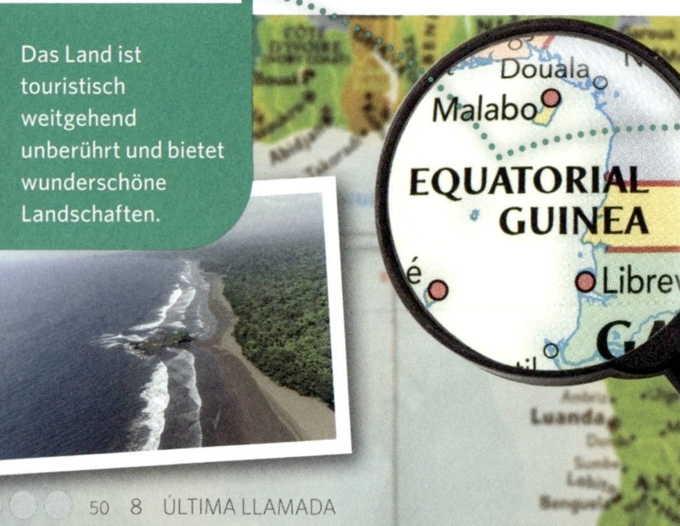

Sin hablarse, ahora estaban sentados delante de la puerta K62.
—Estimados pasajeros, su vuelo SA983 con destino Malabo tiene un retraso de cuarenta minutos. Perdonen las molestias.
Julián lanzó uno de sus **bufidos**[3] y siguió leyendo su periódico deportivo sin mirar para ella. Rebeca decidió levantarse y pasear. No había mucha gente en el aeropuerto. El **techo ondulado** le gustaba. También le gustaba el material, **madera**, porque era como algo humano en un sitio tan artificial. Tenía ganas de llorar. No quería vivir así. Llevaban juntos ya cinco años y desde casi el inicio se repetía este ciclo. Sus amigas ya no querían ni escucharla. Estaban cansadas. Y ella lo entendía. Pues un día decía:
—No **aguanto**[4] más, se acabó.
Y dos días después:
—A ver, en el fondo es bueno, es que tiene un carácter fuerte. Lo importante es que me quiere.
Hasta que su hermana le había dicho un día:

1 **la llamada -** (hier:) der Aufruf
2 **consolar -** trösten
3 **el bufido -** (hier:) das verächtliche Schnauben
4 **aguantar -** aushalten

—Julián no sabe querer. Pero tú tampoco te sabes querer. Por eso vais a estar juntos hasta el fin de vuestros días. Yo no quiero hablar más del tema.
Ahora caminaba por el *duty free*. No le gustaban estas tiendas.
Eran prácticamente iguales en todas partes. La gente pensaba que eran productos exclusivos y glamurosos, pero ella no veía nada de eso en perfumes o maquillajes que se vendían en cada esquina del planeta. Pero **reconocía**[5] que tenían un efecto anestésico en momentos como este, momentos en que era mejor pensar en otra cosa.
—¿Le gustaría probar?
Un hombre sonriente estaba delante de ella con un **frasco** de perfume en una mano. Parecía una persona feliz de hacer su profesión.
—Es un nuevo perfume, "Libertad" se llama. ¡Es...maravilloso!
Rebeca aceptó la oferta del hombre de forma automática. Pocos segundos después estaba perfumada de "Libertad" y en la caja del *duty free* con su tarjeta de crédito en la mano.

—¿Desea algo más? ¿Adónde vuela?

Rebeca respondió sin ganas.

—A Malabo.

—Uh, qué lejos. Pues para un viaje tan largo tengo la solución ideal. Mire...

Y el hombre le mostró un frasco de una crema hidratante llamada "Agua de vida".

—En un viaje tan largo en avión la piel necesita hidratación. Y usted seguro que quiere estar guapa para su amor, ¿verdad?

El hombre le sonrió y le **guiñó un ojo**[6].

—Que he visto su anillo. Seguro que lleva poco tiempo casada. Tal vez es el **viaje de novios**[7].

Rebeca no estaba casada ni era el viaje de novios. Y el anillo era de su abuela, pero no le dijo nada. Aquel hombre, **a pesar de todo**[8], le caía bien.

—Vale, me la llevo.

Cuando el hombre le dio la bolsa con los productos, la cogió de las manos de una forma inesperada:

—Le deseo que sea muy feliz. Muy muy feliz. Es usted una mujer muy bella y con un aura extraordinaria. Solo se **merece**[9] lo mejor.

Rebeca se preguntó si este señor le decía esto a cada clienta. Si lo hacía, desde luego era muy buen actor, pues parecía **genuino**[10]. Entonces oyó el **altavoz**[11]:

—Última llamada del vuelo SA983 con destino Malabo, se ruega a los señores pasajeros que acudan urgentemente a la puerta K62.

5 **reconocer** - zugeben
6 **guiñar un ojo a alguien** - jmdm. zuzwinkern
7 **el viaje de novios** - die Hochzeitsreise
8 **a pesar de todo** - trotz allem
9 **merecer** - verdienen
10 **genuino/-a** - echt
11 **el altavoz** - der Lautsprecher

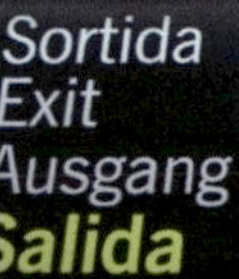

la salida – der Ausgang

la recogida de equipajes – die Gepäckausgabe

Rebeca estaba parada sin saber qué hacer. Una parte le decía que era mejor no coger ese vuelo. Que lo mejor era seguir la señal que decía "**Salida**" y "**Recogida de equipajes**". Ya veía en su mente a Julián furioso y la escena en el avión delante de todos. **Apretó**[12] en su mano la bolsa con "Libertad" y "Agua de vida".

—Última llamada para la pasajera Rebeca Piñeiro del vuelo...

Rebeca **se puso en movimiento**. Hacia la puerta K62. Y al final corre hacia el avión, en un intento más de ser feliz.

ponerse en movimiento – sich in Bewegung setzen

12 **apretar** - drücken

# 9 VUELO

Rebeca se secó una lágrima cuando terminó la película. "En tus brazos".

—Una vez vi a la actriz.

Se lo había dicho el pasajero que tenía a lado y en el que no **se había fijado**[1] hasta ahora.

—Ah, ¿es usted director de cine?

—No —se rio el hombre—, va a quedar **decepcionada**[2], soy camarero. Pero he trabajado varios años en el Festival de Cine de San Sebastián.

—Ah —repitió Rebeca sin saber muy bien qué decir—. Voy al ...

—dijo señalando el baño al final del pasillo del avión.

—Claro, vaya. Perdone si la he molestado.

Rebeca caminó con cierta dificultad entre las **filas oscuras**.

La mayoría de los pasajeros estaba durmiendo.

1 **fijarse en algo / alguien** - etw. / jmdn. bemerken

2 **decepcionado/-a** - enttäuscht

En una de las últimas filas estaba Julián. Ella había entrado en el último minuto en el avión y habían tenido otra discusión más. Julián finalmente se había levantado:

—No te **aguanto**[3], eres una **imbécil**[4] —le había dicho para marcharse después al final del avión. Allí había más sitios libres y podía **estirarse**[5] para dormir. En la última fila lo encontró, **roncando**[6] con la boca abierta.

"¡Qué bonito!", pensó Rebeca. Las discusiones podían ser apocalípticas. Al final ella se quedaba fatal sin poder dormir, y él **dormía como una piedra**[7].

Cuando regresó al asiento, el pasajero estaba leyendo el periódico.

—¿Tampoco puede dormir? —le preguntó Rebeca.

—No, no puedo dormir cuando pienso mucho.

—¿Y qué piensa?

—En todo y en nada —respondió el hombre con una gran sonrisa—. Me llamo Francisco y puede tratarme de tú.

Rebeca le dio la mano.

—Yo, Rebeca.

—Sí, ya lo sé. No he podido evitar escuchar antes...

—...la discusión. **¡Qué vergüenza!**[8]

—No, todos discutimos, no es una vergüenza. Una vergüenza sería no discutir nunca, ser indiferente a todo.

—Ya, quizás, pero así, en público. Bueno... ¿Usted va..., perdón, tú vas a Malabo también de vacaciones?

—No, voy a trabajar en un hotel. No sé nada del país ni qué me espera.

—Ah, ¿y no te da, no sé, miedo?

El hombre lanzó un **suspiro**[9].

la ventanilla
das Fenster

—Claro, pero un día lo que me dio miedo fue ver que la vida estaba pasando y era una basura.

—Entiendo... —Rebeca se queda pensativa— ¿Y entonces decidiste cambiar?

—Sí. Pero no pensé. Si uno piensa, se queda **paralizado**[10]. Así que un día me puse a mirar ofertas en el extranjero y cuando vi esta, llamé. Me dijeron que sí al instante, me puedo imaginar que no mucha gente quiere trabajar tan lejos, y luego hice lo demás todo junto: **rescindí**[11] el contrato del piso, el del gimnasio, dejé el trabajo, vendí el coche, los muebles y compré el billete.

—Y aquí estás...

—Y aquí estoy.

—Nosotros vamos de vacaciones.

—Sí, lo he oído. Espero no parecer un **cotilla**[12].

—No, para nada. Lo entiendo.

Hubo un par de minutos de silencio. Finalmente, Rebeca **se atrevió**[13] a decir:

—Yo también he pensado muchas veces en cambiar. Pero al final no me he atrevido. Me da miedo **equivocarme**[14].

—Sí, y yo también tengo miedo. Por eso **he quemado las naves**[15], aunque no eran ya muchas. Ahora, si esto sale mal, en verdad puedo ir a cualquier sitio. En San Sebastián me esperan casi solamente malos recuerdos.

3 **aguantar algo / a alguien** – etw. / jmdn. ertragen
4 **el/la imbécil** – der/die Idiot/in
5 **estirarse** – sich ausstrecken
6 **roncar** – schnarchen
7 **dormir como una piedra** – wie ein Stein schlafen
8 **¡Qué vergüenza!** – (hier:) Wie peinlich!
9 **el suspiro** – der Seufzer
10 **paralizado/-a** – gelähmt
11 **rescindir** – kündigen
12 **el/la cotilla** – die Klatschbase
13 **atreverse** – sich trauen
14 **equivocarse** – sich täuschen
15 **quemar las naves** – alle Brücken hinter sich abbrechen

—Ya...
—Te propongo un ejercicio. Imagínate que tienes una hermana **gemela**[16]. ¿Qué está haciendo ahora?
—Una... —Rebeca parece confusa un rato—. Vale, pues mi hermana gemela, ella, ella se llama Silvia. Vive en una ciudad cerca del mar y trabaja..., por ejemplo, sí, trabaja como psicóloga. Y vive sola en un **piso** con mucha luz.

Tiene una perra, se llama Chusca...
Rebeca, de repente, no podía dejar de hablar. Su hermana la fascinaba. Al final era como estar volando, pero no en avión, sino en un mundo de libertad, sin discusiones, sin Julián, sin problemas, sin lágrimas.
Cuando terminó, Francisco le dijo:
—Yo creo que hay mucha vida dentro de ti que está pidiendo salir y ser realidad.

—¿Me vas a dar tu número para contártelo? —le preguntó Rebeca.

—Claro, ¿y tú el tuyo para contarte yo si lo logro también?

Rebeca le extendió la mano y Francisco se la **estrechó**[17] muy fuerte.

—Señores pasajeros, en breves instantes aterrizaremos en el aeropuerto de Malabo, comprueben... —anunció la **azafata**.

—No es el final de un viaje —dijo Francisco—, sino el inicio.

Y Rebeca asintió.

16 **gemelo/-a** - Zwillings-
17 **estrechar** - drücken

# 10 UNA ALEMANA EN ESPAÑA

Mariana **está harta de**[1] todo. El viaje ha sido largo y pesado. Sus hermanas han tenido destinos mejores, pero para ella ha quedado casi el peor: España. Esto significa que no va a volver a ver su amada patria, ni navegar en el **Rin**[2], ni **cabalgar**[3] por los verdes campos de **Renania**[4].

Mariana se asoma a la ventana de la **carroza**.

"Un país marrón y un sol infernal", piensa. Están a pocos kilómetros de su destino final, **Valladolid**[5]. En esa primavera del año 1690 el calor es insoportable ya.

En ese momento aparece sonriendo Don Miguel, uno de los **caballeros**[6] que la acompañan en el tramo final de su viaje desde Alemania.

—Majestad —le dice en un latín perfecto—, si necesita cualquier cosa, aquí está su **servidor**[7].

Mariana inclina la cabeza y sonríe. Le gusta ese hombre, tan diferente a los de su tierra: moreno, con ojos oscuros como la noche y una sonrisa blanca como el día.

Su dama de compañía y su **confesor**[8] todavía duermen y ella vuelve a mirar el pequeño retrato de su futuro marido, Carlos II, el rey de España. No puede evitar comparar ese hombre feo, de rostro alargado y mirada estúpida, con Don Miguel.

Mit dem von Erbkrankheiten gezeichneten **Karl II.** (1661-1700) starb die spanische Linie des Herrschergeschlechts der Habsburger aus.

—Tal vez no es tan feo —dice en voz baja, aunque no cree mucho sus palabras.

Ella es la segunda esposa de **Carlos II** y tiene que lograr lo que la primera no ha logrado: tener un **descendiente**[9]. Está segura de que lo va a conseguir.

"**A fin de cuentas**[10], la primera era una francesa. Y es imposible no ser mejor que una francesa".

Mariana guarda la imagen de su feo marido y se asoma a la ventana de nuevo para ver a Don Miguel y su hermosa sonrisa. Pero lo que ve es la cara de un hombre barbudo con una mirada terrible.

—¡Arg! -grita despertando a su dama de compañía y al confesor.

—Was ist los?

Todo pasa muy rápido. El hombre horrible intenta abrir la puerta, pero alguien lo **empuja**[11] al suelo. Se oyen gritos, **disparos**[12], voces. Se abre la puerta y aparece Don Miguel.

—Majestad, nos están atacando bandidos de las montañas.

La coge en sus brazos. Mariana se siente llevada por el aire y sin saber cómo, está encima de un caballo abrazada a Don Miguel. Galopan durante mucho tiempo. El sonido de los disparos y los gritos se hace poco a poco más débil.

1 **estar harto/-a de algo / alguien** – etw. / jmdn. satt haben
2 **el Rin** – der Rhein
3 **cabalgar** – reiten
4 **Renania** – das Rheinland
5 **Valladolid** – Großstadt in Kastilien-León in Nordspanien
6 **el caballero** – der Ritter
7 **el/la servidor/a** – der/die Diener/in
8 **el confesor** – der Beichtvater
9 **el/la descendiente** – der Nachkomme / die Nachkommin
10 **a fin de cuentas** – letztendlich
11 **empujar** – stoßen
12 **el disparo** – der Schuss

Mariana es cada vez más consciente de lo que pasa. Y **tras**[13] el terror inicial, empieza a sentirse feliz en esa situación desconocida: siente el brazo fuerte de Don Miguel en su cintura, su pelo pelirrojo se ha soltado y **ondea**[14] al viento; el aire ya no es tan caliente en aquella carrera loca. En un momento ven a lo lejos un pueblo.

—**Peñafiel**, en el castillo nos vamos a poder refugiar.

**Siente pena**[15] cuando baja del caballo. Don Miguel parece nervioso.

—Unos bandidos han atacado el convoy de su majestad —dice Don Miguel al **alcaide**[16] del **castillo**—. Debe encargarse del bienestar de su Majestad. Voy a regresar a ayudar a los otros.

Y tras decir esto, desaparece en su caballo.

Horas más tarde Mariana está cenando con su dama de compañía y su confesor. En la mesa están también los **anfitriones**[17]: el alcaide y su mujer, una señora que habla demasiado. Mariana no puede concentrarse. Quiere preguntar dónde está Don Miguel.

"Solamente para darle las gracias", piensa como una disculpa oficial de su interés.

Pero no hay **rastro**[18] de Don Miguel. A la mañana siguiente llegan soldados del rey para acompañar a Mariana hasta el palacio en Valladolid.

En los últimos kilómetros antes de entrar en la ciudad, Mariana mira los campos de Castilla. Recuerda la aventura del día anterior. Ya no le parecen tan feos ni tristes como antes.

Kleinstadt am Fuße einer Burg in der Provinz Valladolid

el castillo
die Burg

Maria Anna von Österreich (1634-1696) war die Frau von König Philip IV. von Spanien und Mutter von Karl II.

Maria Anna von Pfalz-Neuburg (1667-1740) war die zweite Frau von Karl II.

El día anterior a su **boda**[19] en el monasterio de San Diego, Mariana está menos nerviosa de lo que espera. En cierta forma, le es todo casi igual. Es como un destino que alguien ha decidido por ella y en el que no puede influir. Ha conocido a su futura suegra, que se llama también **Mariana**. No le ha gustado, es antipática y se nota que está acostumbrada a mandar. Pero le parece que le **ha dado el visto bueno**[20]. Todavía no ha visto a su futuro marido y el primer encuentro va a tener lugar esa misma tarde. La han vestido según la moda de España y parece una criatura fantástica, con aquel cuerpo delgado hasta la cintura, una falda inmensa luego y el pelo peinado de una forma extraña.

"Es como tener el pelo de un perro", piensa.

La hacen pasar a una sala llena de espejos. Tiene mucho tiempo para mirarse. Se ve: alta, joven, hermosa.

—Soy **Mariana de Neoburgo**, la reina de España.

Y sabe que no todo está escrito por los demás en su destino. Ella va a ser autora también de su vida. Y siglos después todavía se va a escribir sobre ella.

"Y lo primero que voy a hacer es buscar a Don Miguel", piensa.

Siente pasos al otro lado. ¿Será el rey que llega?

Y entonces la puerta se abre.

13 **tras** - nach
14 **ondear** - wehen
15 **sentir pena** - bedauern
16 **el alcaide** - der Burgvogt
17 **el anfitrión/ la anfitriona** - der/die Gastgeber/in
18 **el rastro** - die Spur
19 **la boda** - die Hochzeit
20 **dar el visto bueno** - das Einverständnis geben

Kastilien-Leon ...
... ist die größte und auch eine der vielfältigsten Regionen Spaniens.
Hier findet man ödes Bergland genauso wie satte grüne Landschaften.
Valladolid hat viel zu bieten, wird aber von den meisten Reisenden links liegengelassen. Sollten Sie einmal in der Nähe sein, geben Sie der Stadt eine Chance – sie ist voll von architektonischen Schätzen aus der Renaissance!
Castropol
Oviedo
ASTURIAS
Santiago
Lugo
León
GALICIA
Orense
CASTILLA
Zamora
LEÓN
Salamanca
Ávila
Cáceres
Valencia de Alcántara
EXTREMADURA
Badajoz
Mérida
Córdoba
Sevilla
Huelva
ANDALUS
Jerez de la Frontera
CASA CONSISTORIAL

Das mittelalterliche **Segovia** gehört zum Weltkulturerbe der UNESCO und liegt auf rund 1.000 m Höhe.

Auch **Ávila** ist UNESCO-Weltkulturerbe und liegt bis heute im Schutz der trutzigen Stadtmauer, die rund 2,5 km lang ist.

**Die 3 m dicken Mauern sind bis zu 12 m hoch. Stolze 88 Wehrtürme findet man an der Anlage und über 9 Tore gelangt man in die mittelalterliche Altstadt. Die gigantische Wehranlage wurde in nur 9 Jahren, zwischen 1090–1099 errichtet.**

# 11 LA MALDICIÓN[1]

Freizeit- und Kulturareal in Valencia, das von **Santiago Calatrava** entworfen wurde

Cuando llegué a casa y Sole abrió la puerta, empecé a **llorar como una Magdalena**[2].

—¿Qué pasa? —me preguntó ya con impaciencia—. Te pasas el día llorando.

—Me **han despedido**[3] —respondí.

—¡¡¡¡¡Quéeeeee???? —gritó mi mujer.

—Sí, me han despedido. La jefa dice que ya no se venden pisos y que tienen quizás que cerrar la empresa. Esto se veía venir. Esta **burbuja inmobiliaria**[4] iba a explotar antes o después.

Sole estaba furiosa.

—Tu jefa es una bruja asquerosa. Vale, hay una crisis y hay que despedir a gente, pero ¿por qué a ti? Esto nos viene en el peor momento.

Era cierto, pues a Sole la habían despedido la semana anterior y teníamos un crédito de treinta años con el banco que había que pagar.

Pero entonces la cara de Sole cambió:

—Tengo una idea. Esta mañana estuve tomando un café con Elsa cerca de la **Ciudad de las Artes y las Ciencias**.

Frühlingsfest in **Valencia**, das im März gefeiert wird

Fuimos hasta allí para escapar de toda esta gente loca que celebra las **Fallas**. Y allí cerca había un **mendigo**[5] que pedía dinero. Entonces, pasó una señora y cuando el mendigo le pidió dinero, ella le dijo algo feo. El mendigo le gritó: "¡Ojalá no vivas para ver a tus hijos hoy!" Y la mujer se rio de él. Pero pocos metros después, le cayó una **maceta** en la cabeza. Vale, la ambulancia la llevó rápidamente al hospital, pero si ahora está viva o no… no lo sé. ¡No te puedes imaginar cómo sangraba!

—¡Dios mío! —exclamé horrorizado.

—Pues ya te puedes imaginar lo que se me acaba de ocurrir…

1 **la maldición -** der Fluch

2 **llorar como una Magdalena -** wie ein Schlosshund weinen

3 **despedir -** kündigen

4 **la burbuja inmobiliaria -** die Immobilienblase

5 **el/la mendigo/-a -** der/die Bettler/in

Al día siguiente, Sole y yo estábamos en un café enfrente de la casa de mi jefa. La calle estaba llena de gente que celebraba las Fallas con el típico traje. En esa misma calle, unos grandes **ninots** parecían tener vida propia y contemplar la escena. Hacía mucho viento ese día y partes de ellos se movían de una forma que daba miedo.

— Creo que hoy no van a poder quemar las fallas con este viento —comenté.

Al lado del portal de la casa de mi jefa esperaba el mendigo. Lo habíamos buscado y le habíamos ofrecido 50 euros si pedía allí. Esperábamos la reacción de la jefa al verlo. Seguro que iba a ser terrible y el mendigo le iba a echar una maldición.

No tuvimos que esperar mucho. Veinte minutos después salía la jefa vestida de fallera. El mendigo extendió la mano para pedir dinero. La jefa hizo un gesto de **desprecio**[6] con la mano. Y el mendigo le gritó de forma que hasta ellos lo pudieron escuchar:

—¡Ojalá no vivas para ver a tus hijos hoy!

La jefa se rio como una loca y continuó caminando sin problema hasta que la perdimos de vista. Salimos del café y fuimos hacia el mendigo. Sole estaba enfadadísima.

—¡No ha funcionado! —le dijo al mendigo.

—¿Y qué quiere? No funciona siempre. No soy **infalible**[7]. Ahora quiero mis cincuenta euros.

—No tengo la intención de darte nada. ¡Ni las gracias! Adiós.

El mendigo se levantó. Tenía la cara roja de **ira**[8].

—¡Mala mujer! ¡Ojalá no vivas para ver a tus hijos hoy!

Sole se rio de una forma feísima; cuando se enfada, da mucho miedo y no puedes pararla.

—No tengo hijos, estúpido.

Yo la seguí en silencio hasta que llegamos a casa. Sole no paraba de decir barbaridades. Yo sabía que eso no solucionaba nada, pero que era mejor dejarla hablar. Por la noche, cuando ya parecía más calmada, le propuse ir a ver la **cremá**.

—Ese espectáculo de idiotas... —dijo—. Pero vale. No aguanto estar más en casa.

Las calles de Valencia estaban rojas por las **llamas** de las diferentes fallas. Al final terminamos en la calle de la jefa. Los grandes ninots estaban ardiendo ya.

—¡Qué casualidad! —oí decir a mis espaldas.

6 **el desprecio** – die Verachtung
7 **infalible** – unfehlbar
8 **la ira** – die Wut

Cuando me volví, vi a mi jefa, que todavía estaba vestida con el **traje de fallera**.

—Justo ahora volvía a casa, pero antes quería ver cómo ardía esta maravilla...

Sole fue hacia ella:

—¿Cómo es usted capaz de sonreír después de haber despedido a mi marido? Usted...

Pero no le dio tiempo a decir mucho más: De un ninot que ardía saltaron unas **chispas**[9] que alcanzaron el pelo de ambas.

Y aunque hicimos todo lo posible para apagar el pelo que ardía, ambas tuvieron que ir al hospital en ambulancia.

En el hospital encontramos a la señora del tiesto. Por suerte, no se había muerto.

Yo todavía busco al mendigo para darle sus 50 euros. Se los ha ganado.

9 **la chispa** – der Funke

# Valencia ...

**... ist auch außerhalb der Fallas eine Reise Wert!**

Besuchen Sie zum Beispiel einmal den **Mercado Colón**, eines der prachtvollsten Jugendstilgebäude der Stadt aus dem Jahre 1914.

Was früher eine klassische Markthalle war, ist heute ein lebendiger und angesagter Treffpunkt mitten in der Stadt mit Bars, Restaurants und Cafes.

Probieren Sie hier unbedingt ein unglaublich wohlschmeckendes Getränk, das typisch für Valencia ist: **orxata de xufes**, eine Erdmandelmilch, die eiskalt getrunken wird und zu der man traditionell **fartóns** isst, ein Hefegebäck, das warm serviert wird. In anderen Teilen Spaniens heißt das Getränk **horchata de chufas**.

# La paella ...

... ist wohl eines der bekanntesten spanischen Gerichte und kommt ursprünglich aus Valencia.

el arroz
der Reis

Die Reissorte, die für **Paella** verwendet wird, heißt **Bomba**. Der Reis klumpt und klebt nicht und ist daher perfekt für die Zubereitung.

el mejillón
die Miesmuschel

los mariscos
die Meeresfrüchte

**Aber Achtung: Paella ist nicht gleich Paella!**

Während sie in ganz Spanien meistens mit Meeresfrüchten zubereitet wird (wie hier im Bild), kommen in eine originale **Paella Valenciana** neben Reis, Gewürzen und Gemüse nur Hühnchen- und Kaninchenfleisch sowie gelegentlich Schnecken.

In eine Paella möchten Sie eigentlich nicht wirklich hineinbeißen, denn das Gericht ist benannt nach dem Kochgeschirr, in dem es zubereitet wird. *Paella* bezeichnet nichts anderes als eine Pfanne! Für die Pfanne selbst hat sich daher der Begriff *la paellera* (die Paella-Pfanne) eingebürgert.

**Für eine Paella de Mariscos (4 Pers.) brauchen Sie:**

- 400 g Paella-Reis
- 12 Garnelen
- 12 Miesmuscheln
- 200 g Tintenfisch (in Stücken)
- 2 Tomaten (gewürfelt)
- 1 Paprika (in Streifen)
- 2 Knoblauchzehen (gehackt)
- 1 l Fischbrühe
- 1 Safranfaden
- ½ TL süßes Paprikapulver
- Olivenöl
- Salz

## Haben Sie schon den köstlichen Geruch in der Nase? Dann schnappen sie sich eine *paellera* und legen Sie los – so geht's:

Miesmuscheln putzen, kochen und beiseite stellen. Pfanne erhitzen, Öl hineingeben, Garnelen darin anbraten und anschließend herausnehmen. In derselben Pfanne den Tintenfisch braten und ebenfalls herausnehmen. Nun die kleingewürfelte Tomate, danach die Paprika und ganz zum Schluss den Knoblauch hineingeben und anbraten; dazu den Safran und das Paprikapulver geben.

Mit der Brühe aufgießen (bis unter den Rand der Pfanne), die Meeresfrüchte und den Tintenfisch hineingeben und den Reis gleichmäßig einrühren und mit Salz abschmecken. Danach sollte nicht mehr gerührt werden. Nun die Miesmuscheln dekorativ auf der Paella platzieren und das Ganze bei reduzierter Hitze weitere 20 bis 30 Minuten köcheln, bis der Reis gequollen ist.
Vor dem Servieren noch einmal abgedeckt (mit Alufolie oder einem Küchentuch) ziehen lassen.

*¡Que aproveche!* **– Guten Appetit!**

**Blanca de Borbón** (1339-1361) war Königin von Kastilien; sie wurde von ihrem untreuen Ehemann Pedro I. zunächst eingekerkert und dann, der Legende nach, ermordet.

# 12 EL FANTASMA DEL CASTILLO

Eva está pasando un fin de semana con sus amigas en la provincia de **Guadalajara**[1]. Han visto ya varias cosas, como la propia ciudad de ese nombre o el precioso pueblo de Pastrana. Ahora están delante del **castillo de Sigüenza**, donde van a pasar la noche. El castillo de Sigüenza alberga un **parador**[2].

—¿No es emocionante? —pregunta Elisa— ¡Dormir en un castillo!

Eva piensa que Elisa es idiota y que habla demasiado. Pero Elisa tiene mucho dinero y es muy generosa. Por eso es su amiga.

—Dicen que hay un **fantasma**[3] —añade Josefa.

Eva también piensa que Josefa es un poco estúpida igualmente, no tan estúpida como Elisa, pero tiene coche y ni Elisa ni ella tienen coche.

—A ver, ¿qué fantasma? —pregunta Eva con impaciencia.

—Pues he leído que en este parador hay gente que ha visto el fantasma de la reina **Blanca**, una francesa que se casó con el rey Pedro I de Castilla. Pero luego él no la quiso y la **encerró**[4] en este castillo —explica Josefa.

legendenumwobene Burg aus dem 12. Jh., die heute ein staatliches Hotel beherbergt

medieval
mittelalterlich

—¡Qué historia más absurda! ¿Y por qué es un fantasma? —pregunta Eva irritada.
—Pues porque él la hizo matar —dice Josefa con una voz de triunfo.

Eva **pone los ojos en blanco**. Prefiere no contestar y dice:
—Vamos a entrar ya.
Sigüenza es un pueblo precioso, de calles **empinadas** y casas señoriales. Pero, sin duda, es el castillo lo que domina la ciudad. Después de cenar en un restaurante, miran lo que ofrecen varias tiendas hasta que llegan a una que pone: "Pequeño museo de Doña Blanca".
—¿Por qué no entramos? —pregunta Elisa—. Así nos enteramos mejor de la historia del fantasma.
Dentro hay una serie de objetos que pertenecieron supuestamente a la reina: vestidos, documentos y varias **joyas**[5]. No es mucho, pero está bien organizado y con informaciones breves y claras.

**poner los ojos en blanco**
**die Augen verdrehen**

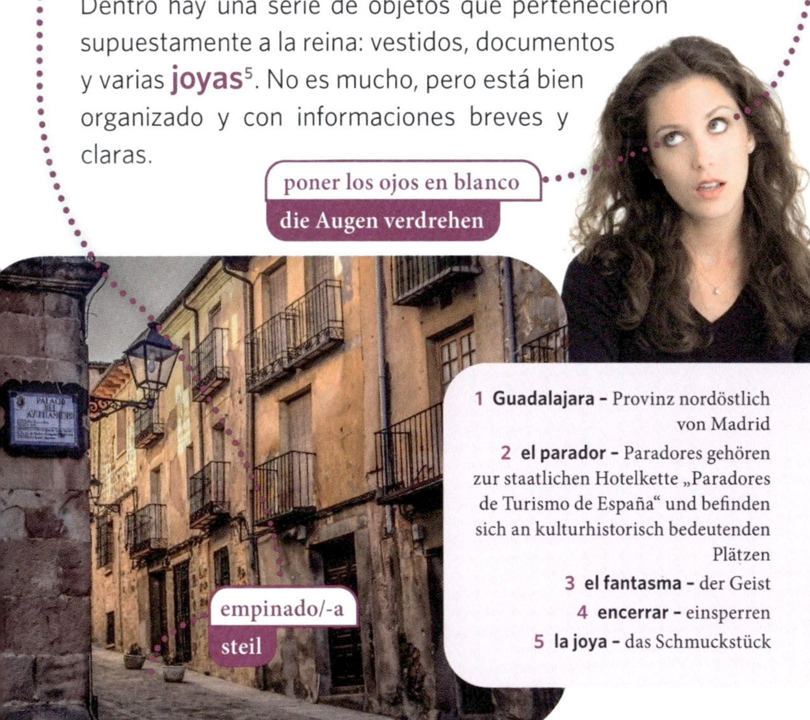

**empinado/-a**
**steil**

1 **Guadalajara** - Provinz nordöstlich von Madrid
2 **el parador** - Paradores gehören zur staatlichen Hotelkette „Paradores de Turismo de España" und befinden sich an kulturhistorisch bedeutenden Plätzen
3 **el fantasma** - der Geist
4 **encerrar** - einsperren
5 **la joya** - das Schmuckstück

Elisa está preguntando a la chica del museo acerca de más detalles sobre la leyenda, y Eva **aprovecha**[6] ese momento para robar un **anillo** que hay en la exposición. Pues Eva, aparte de mala, es cleptómana.

—¡Qué bien! Siempre he querido tener una joya medieval.

Cuando llegan a la habitación, ella corre al baño y se prueba el anillo.

—¡Perfecto! —dice mientras lo mira fascinada—. Pero aquí no lo voy a poder usar, pues esas dos son unas **cotillas**[7]. Si lo ven, me van a preguntar de dónde lo tengo. Mejor voy a esperar a llegar a Madrid.

Al día siguiente, se levantan temprano para desayunar en el comedor del parador.

—Hemos desayunado como tres reinas —exclama Josefa.

—Pero no he sentido nada raro —añade Elisa—. Ningún fantasma ni nada. He dormido...

—¡...como una reina! —ríe Josefa.

Eva piensa que es imposible hacer **chistes**[8] peores y añade:

—Bueno, como tiene que ser. Eso de los fantasmas es una tontería.

Josefa conduce hasta Madrid y cuando deja a Eva en su casa, esta se despide rápidamente.

—Adiós, guapas, y gracias por el fin de semana inolvidable.
Y corre a su apartamento para ponerse el anillo.
—¡Por fin libre de esas **pesadas**[9]! ¡Qué anillo maravilloso!
Está tan fascinada que decide dormir con él. A medianoche se despierta con una sed increíble. Se levanta a beber algo de agua y después vuelve a dormir. Hacia las dos siente de nuevo sed y cuando abre los ojos, ¡la ve de pie delante de su cama! Una figura negra, pero no tiene duda, ¡es el fantasma de Doña Blanca! La figura no dice nada, pero no es necesario: su silueta terrible y oscura lo dice todo. En un momento empieza a moverse hacia ella y señala con un dedo la mano de Eva donde está el anillo. Eva reacciona muy rápido y se quita la joya. En ese momento, el fantasma de Doña Blanca desaparece de la habitación.
—Por favor, ¡qué terror! ¡Nunca he sentido nada igual!

Una semana después Eva queda con sus amigas Elisa y Josefa para celebrar el cumpleaños de la primera.
—¡Felicidades, preciosa! —le dice Eva con un beso—. Aquí tienes mi regalo. A ver qué te parece.
—Oh, pero si es un anillo, ¡qué bonito es! ¡Parece muy antiguo!
—Es un anillo de la suerte y de la amistad. Tienes que llevarlo contigo todo el día. Incluso para dormir, ¿me lo prometes?
Elisa **asiente con la cabeza**[10] sin poder dejar de mirar el anillo.
—Te lo prometo.

6 **aprovechar -** ausnutzen
7 **el/la cotilla -** die Klatschbase
8 **el chiste -** der Witz
9 **el/la pesado/-a -** die Nervensäge
10 **asentir con la cabeza -** nicken

maquillado/-a geschminkt

disfrazado/-a verkleidet

# 13 COMO UNA ESTRELLA

Auf einer Art Miss-Wahl wird die Kandidatin mit dem prachtvollsten und fantasiereichsten Kostüm zur Karnevalskönigin gewählt.

Mario y Susi estaban ante la directora de la residencia de ancianos una vez más:

—¡No lo voy a tolerar más!

Mario miraba sus manos y Susi se miraba en un pequeño espejo y se pintaba los labios.

—La semana pasada organizaron ustedes una **playa nudista**[1] en el jardín de la residencia y convencieron a casi todos los residentes de esta locura. ¡Al día siguiente estábamos en el periódico! ¿Saben cuántos clientes vinieron a llevarse a sus padres? ¡Siete!

Susi y Mario se miraron sonrientes.

—Y esta mañana aparecen los residentes **maquillados** y **disfrazados** de **reina de Carnaval**, hombres incluidos.

—Nosotros no hemos obligado a nadie —se defendió Susi.

—Y ¿qué hay de malo en todo esto? La gente debe poder hacer en los últimos días de su vida cosas que nunca antes ha hecho. Pues ahora ya nada importa —añadió Mario.

—En verdad, nunca debió importar. La vida es tan corta. Nada debe importar si no hace daño a nadie.

Se creó un silencio de dos segundos hasta que la directora se levantó, dio un golpe en la mesa y gritó:

—A mí lo que me importa es perder residentes. ¡Deben abandonar este lugar dentro de 48 horas! ¿Me han oído?

—Pero ¿adónde vamos a...?

Gruppen verkleideter Menschen, die in Cádiz zur Karnevalszeit kritische und lustige Lieder singen

—¡No es mi problema! ¡Fuera de aquí!

Mario y Susi llegaron a su habitación y cerraron la puerta tras sí. Era una habitación muy pequeña, pero bonita. Estaba adornada de fotos y posters de su época de estrellas del cine. Susi se sentó en la cama y empezó a llorar.

—¿Qué vamos a hacer ahora? No tenemos adónde ir.

Mario la miró en silencio. Había compartido sesenta años de su vida con aquella mujer. Habían vivido tiempos malos, malísimos, pero otros llenos de gloria. Ahora eran recuerdos tan llenos de luz que casi dolían. Como mirar al sol directamente.

—**¡Anda!**[2] Vamos a pensar en esto más tarde. Siempre hemos encontrado una solución en el último momento. ¿Qué te parece si vamos a pasear por las calles de Cádiz y ver las **comparsas y chirigotas**?

La cara de Susi se iluminó.

—¡Sí! Vamos, vamos rápido, a la música, a la alegría...

Poco después estaban caminando por las calles llenas de gente. Era un día maravilloso de marzo, el sol brillaba en un cielo azul sin nubes. La brisa del mar que rodeaba la ciudad era muy suave y templada. Mario compró un par de **pestiños**. En el camino vieron grupos de comparsas y chirigotas que cantaban sus canciones e iban disfrazados en colores muy vivos.

typisch andalusisches Gebäck, das vor allem zu Weihnachten und Ostern gegessen wird

1 **la playa nudista** – der FKK-Strand

2 **¡Anda!** – Komm schon!

Das **Gran Teatro Falla** besticht durch seine schöne Architektur und ein reichhaltiges Kulturangebot.

—¡Qué música más alegre! —dijo Susi mirando a la gente con nostalgia.

—¡Y qué risa los textos!

Cuando llegaron a **La Caleta**, se sentaron en un banco a mirar el mar.

Strand in Cádiz mit einem hübschen Holzpavillion (s. vorige Seite unten)

—¡Cuántos recuerdos, Mario! ¡Cuánta intensidad! Pero ahora me siento cansada.

—No, pero si queda mucho por vivir...

—Sabes que no es verdad. Tal vez somos realmente dos locos. Tal vez ha estado mal lo que hemos hecho. Y sabes que esta vez no vamos a tener una solución de último minuto.

Mario miró con **ternura**[3] el rostro de Susi, ahora lleno de **arrugas**[4].

—Sabes, yo siempre quise ser una estrella y dar luz, **brillar**[5]. ¿Hay algo más bonito que eso? Dar luz, ser luz —dijo Susi con una voz que apenas se podía oír.

Regresaron a la residencia pasando por el **teatro Falla**, donde iban las diferentes agrupaciones para participar en el concurso en el que se iba a elegir a la mejor de ese año. Después continuaron por el **Parque del Genovés**, el **Baluarte de la Candelaria** y la **alameda**. El sonido de la música y las canciones se fue haciendo más débil. Cuando llegaron a la residencia, todos los miraron con una mezcla de simpatía y miedo. Susi y Mario eran la fuente de cambios y diversión, pero también de problemas con la directora.

großer Park aus dem 19. Jh.

la bahía
die Bucht

(hier:) die Uferpromenade

Bastion in einer Festungsanlage in Cádiz

—¿Qué vamos a hacer mañana? —se atrevió a preguntar Don Gervasio desde su silla de ruedas. Susi lo miró con tristeza y contestó:

—Vamos a pensar. Pero va a ser algo mágico.

la oscuridad
die Dunkelheit
la luz de la luna
der Mondschein
brillar
leuchten

Al llegar a su habitación, se acostaron en la cama abrazados hasta que ambos se durmieron. A medianoche la luna entraba intensamente por la ventana abierta. Mario se despertó y sintió la respiración **leve**[6] de Susi. Le tomó la mano y sus ojos se llenaron de lágrimas. El pulso era tan débil como el de un pájaro. Como pudo la cogió en brazos, la llevó al jardín y la acostó en el **césped**[7]. Fue a la habitación y regresó poco después. Le fue quitando la ropa y cuando estuvo desnuda, cogió el espray de pintura dorada y le cubrió todo el cuerpo de color oro. Le dio un beso y abandonó el jardín.

Cuando la directora del centro abrió la puerta de la residencia, era todavía muy temprano. El sol empezaba a **asomarse**[8]. Iba a entrar en su despacho cuando algo le llamó la atención en el jardín: una luz dorada que brillaba de forma **incandescente**[9] con los primeros rayos de sol.

—Parece una estrella —dijo para sí antes de acercarse y ver el cuerpo de Susi en el césped.

Tenía los ojos cerrados. Sonreía.

3 **la ternura -** die Zärtlichkeit
4 **la arruga -** die Falte
5 **brillar -** leuchten
6 **leve -** (hier:) flach
7 **el césped -** der Rasen
8 **asomarse -** (hier:) aufgehen
9 **incandescente -** glühend

# 14 PARAÍSO

Ingrid estaba deprimida. No, deprimida no, muy deprimida. Era su cincuenta cumpleaños y sus amigas le habían organizado una pequeña fiesta-sorpresa. Odiaba las sorpresas. Odiaba las fiestas.

—¡Más vino! —gritó Maike, que parecía haber organizado la fiesta para tener una excusa para beber mucho.

Ingrid estaba en una gran crisis: su marido se había divorciado para irse con una mujer más joven, sus hijos se habían ido de casa y vivían muy lejos, se veía **arrugada**[1], tenía que **teñir**[2] el pelo con cada vez más frecuencia. Total: se sentía vieja, **fracasada**[3], sola, sin ilusión.

—¡El regalo, el regalo! —exclamó Alexandra.

De repente, Ingrid tuvo un **sobre** en la mano. Lo abrió y era un **vale** por una semana en **La Gomera**.

"La Gomera", pensó, "¿qué hago yo sola en la Gomera?"

Pero sus amigas ya le dieron la respuesta a modo de coro:

—Allí vas a poder desconectar.

—Vas a relajarte y recargar vitamina D.

—Vas a tomar tapas y beber mucho vino español —esto lo dijo Maike.

—Vas a conocer hombres y **ligar**[4].

GUTSCHEIN
für eine Woche
'La Gomera'

der Gutschein

der Umschlag

LA GOMERA ★ LA GOMERA ★ LA GOMERA ★ LA GOMERA

zweitkleinste Insel der Kanaren

1 **arrugado/-a** – faltig
2 **teñir** – färben
3 **fracasado/-a** – gescheitert
4 **ligar (con alguien) (ugs.)** – mit jmdm. flirten / jmdn. aufreißen

Una semana después Ingrid **desembarcó**[5] en La Gomera. Su hotel estaba en la capital, San Sebastián, una ciudad muy pequeña que vio en una tarde. Se bañó en la playa al atardecer y pensó que la idea de sus amigas no estaba tan mal. Llevaba un curso para recuperar algo de español de sus cursos de la "Volkshochschule". Acostada al sol sobre la arena negra, repetía:

—Me llamo Ingrid y soy de Alemania.

Un sábado estaba en un autobús para hacer una ruta organizada por el **parque nacional de Garajonay**[6] y admirar la **laurisilva**. La mayoría de los turistas eran alemanes y esto enfadaba a Ingrid. Sabía que era absurdo, pues ella misma era alemana. Pero simplemente le molestaba. Ella quería desconectar totalmente y no tener ninguna sensación de contacto con su pasado. Pero la sensación de **fastidio**[7] se hizo cada vez mayor, sobre todo con unos tal Müller que protestaban por todo. Así que, en el medio de la ruta, Ingrid **se hartó de**[8] tanta gente, decidió alejarse un poco del grupo y volver luego ella sola al autobús con la ayuda del GPS del móvil. El ambiente era **bochornoso**[9], pero la laurisilva tenía algo fascinante, con sus plantas y árboles de gran tamaño.

Auf **Gomera** können Sie sich an feinen Sandstränden erfreuen, die allerdings schwarz sind, da der Sand aus Lavafragmenten und vulkanischen Mineralien besteht.

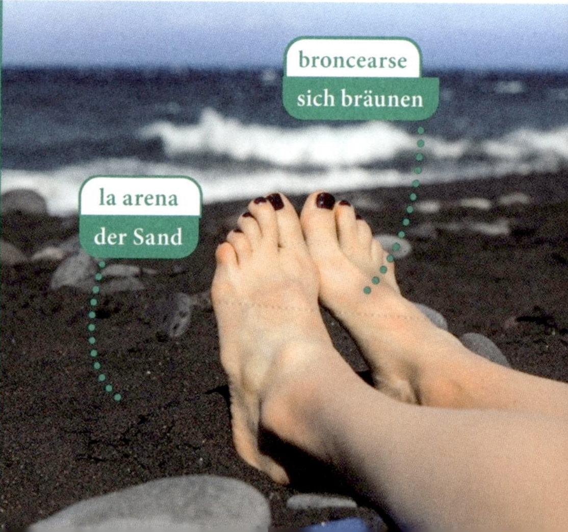

Einzigartig ist der Lorbeerwald von Gomera, der auch Nebelwald genannt wird. Dieser mysteriöse und zauberhafte Wald ist der größte zusammenhängende immergrüne Feuchtwald der Welt. Es gibt dort mehr als ein Dutzend verschiedene Lorbeerarten.

Der Ort ist wahrlich magisch: dichtes Moos, meterlange Flechten und ein feuchter Dunst sorgen für eine märchenhafte Stimmung.

Tan hipnotizada estaba que no **se percató de**[10] una **raíz**[11] grande y cayó por una **pendiente**[12] Cuando llegó al fondo, tuvo la sensación de que se había roto todos los huesos del cuerpo.

"Ha llegado la hora de mi muerte. Voy a repasar mi vida y tranquilizarme", pensó.

Pero lo primero que le vino a la mente fue la imagen de su exmarido con su joven mujer y empezó a llorar. Poco después, cuando intentó levantarse, comprobó que se había roto solamente un pie. Su móvil se había caído en algún lado de la pendiente. El sol estaba más bajo y empezó a **entrar en pánico**[13].

5 **desembarcar** - an Land gehen
6 **el Parque nacional de Garajonay** - Nationalpark von La Gomera
7 **el fastidio** - der Ärger
8 **hartarse de algo / alguien** - (ugs.) etw. / jmdn. satt haben
9 **bochornoso/-a** - schwül
10 **percatarse de algo** - etw. bemerken
11 **la raíz** - die Wurzel
12 **la pendiente** - der Abhang
13 **entrar en pánico** - in Panik geraten

—¡Ayuda, ayuda! —gritó, pero nadie parecía oírla.

"Sin duda, voy morir" se dijo a sí misma.

Y entonces oyó una especie de **silbido**[14], como de un pájaro especial. No era música, pero se parecía. A veces, más cercano, a veces más lejano.

"Al menos, voy a morir con una música más agradable que las canciones ***Schlager*** que escuchan mis vecinos", pensó.

Un hombre apareció en lo alto de la pendiente y lanzó un silbido.

—Así que es un hombre y no un pájaro —dijo antes de empezar a agitar los brazos y gritar— ¡Aquí, aquí!

El hombre descendió hasta donde estaba ella y cuando vio la situación, la tomó en sus brazos y con esfuerzo logró subirla hasta el camino.

—Me llamo Ingrid y soy de Alemania —fue lo primero que dijo.

El hombre tenía unos cuarenta años y la piel muy oscura. Ingrid deseó besarlo, pero pensó que iba a parecer una **guiri**[15] desesperada y no lo hizo.

Am Rande des **parque nacional de Garajonay** liegt der Aussichtspunkt **Mirador de Igualero**. Hier stoßen Sie auf das Denkmal **Silbo Gomero**, das die Pfeifsprache ehrt; sie ist Teil des UNESCO-Weltkulturerbes.

"Aunque estoy desesperada", pensó.
Ingrid volvió a La Gomera cuatro meses después, pero para quedarse para siempre. Descubrió que el hombre se llamaba Juan, se dedicaba a la **silvicultura**[16] y había comunicado el lugar donde ella estaba a sus compañeros usando el **silbo gomero**. De nuevo, sentía que tenía ganas de vivir y hacer cosas.

—La vida termina si uno la deja terminar — se dijo, mientras paseaba con Juan por la laurisilva muy cerca del sitio donde se habían visto por primera vez.

Poco después empezó a trabajar como guía para esos turistas alemanes que le habían parecido horribles en su día. Ahora los veía de forma más positiva. Pues, aunque quería tener su nuevo hogar en La Gomera, sus raíces siempre iban a ser Alemania. La primera en visitarla fue Maike, quien insistió en brindar con cerveza de Múnich y cantar:

—*Ein Prosit, ein Prosit der Gemütlichkeit ...*

akustisches Kommunikationssystem auf Basis der spanischen Sprache, das aus Pfiffen besteht und mit dem man sich – auch heute noch – über längere Distanzen verständigen kann

14 **el silbido** - der Pfiff

15 **el/la guiri (ugs.)** - der/die Ausländer/in

16 **la silvicultura** - die Forstwirtschaft

# Las Islas Canarias ...

**... sind eine Inselgruppe im Atlantik – über 1.000 km vom spanischen Festland entfernt.**

**La Palma** ist zu 40 % mit Wald bedeckt und wird daher auch die ‚grüne Insel‘ genannt. In der Hauptstadt **Santa Cruz de la Palma** können sie die wunderschönen **Casas de Los Balcones** bewundern.

**Teneriffa** ist die größte und bevölkerungsreichste der Kanarischen Inseln. Der Vulkan **Pico del Teide** ist mit seinen 3.718 m gleichzeitig der höchste Berg Spaniens.

LA PALMA

TENERIFFA

LA GOMERA

**El Hierro** ist die westlichste und kleinste der Hauptinseln. Hier sehen Sie den Leuchtturm **Faro de Orchilla**.

**La Gomera** ist die zweitkleinste der Hauptinseln. Ihr Wahrzeichen ist der 1.251m hohe **Roque de Agando**.

EL HIERRO

**Die Kanarischen Inseln bestehen aus 13 bewohnten und unbewohnten Inseln, die sich teils selbst verwalten. Lernen Sie hier die sieben bekanntesten kennen.**

**El canario** wurde vor vielen Jahrhunderten auf den Kanaren gezüchtet und ist dort immer noch beheimatet.

LANZAROTE

FUERTEVENTURA

GRAN CANARIA

**Lanzarote** ist die nordöstlichste Insel des Archipels und besticht durch ihre karge, manchmal fast unwirkliche Landschaft, und ihre schwarzen Strände.

**Fuerteventura** besitzt die meisten und längsten Strände des gesamten Archipels. Die Insel ist ein Paradies für Sportbegeisterte und für Drachenfans! Jedes Jahr findet hier im November das Drachenfest statt, bei dem ein kunterbuntes Spektakel am Himmel stattfindet.

**Gran Canaria** ist drittgrößte der Insel der Kanaren und sehr touristisch geprägt.

# 15 VACACIONES EN EL FEÍSMO

Touristenhochburg an der Costa del Sol in Andalusien

Marco no podía creerse que, otro verano más, estaba en un apartamento pequeño y horrible de un edificio espantoso de **Torremolinos**. Pero sí, era verdad. Al menos, este año sus padres no le obligaban a ir a la playa con ellos.

"Nada de sol, de arena, de agua llena de gente, de gritos...", pensó, mientras miraba con envidia las fotos de sus amigos en Instagram. Algunos se habían quedado en Madrid y tenían la ciudad para ellos solos; otros estaban en lugares que se podían decir de verdad de vacaciones: Estados Unidos, Inglaterra...

Cada año los apartamentos subían de precio y por eso esta vez sus padres habían alquilado uno con terraza compartida.

"Me tendré que pasar agosto en la habitación", pensó **disgustado**[1], pues no quería relacionarse con nadie.

Un día, sin embargo, cansado de estar en su cama y de mirar fotos que lo deprimían, salió a la terraza. Allí se encontró con un chicho de más o menos su misma edad que escuchaba música. Era un chico delgado y de pelo castaño. Parecía estar concentrado en su música. Iba a volver a su cuarto cuando escuchó la voz del chico que le decía:

—Este sitio **es un asco**[2], ¿verdad?

Marco se volvió. El chico lo miraba ahora, tenía unos ojos verdes muy claros que parecían de un gato.

—Necesito un nuevo cómic de Batman, los que tengo ya los he leído todos. ¿Te gusta Batman? ¿O prefieres Superman? Si me dices Superman, no vamos a ser amigos. Tiene que gustarte Batman.

el feísmo

Begriff aus der Architektur für hässliche, nicht zusammenpassende Gebäude

el murciélago

die Fledermaus

—Batman, Batman, pero...

—Muy bien —respondió el chico mientras se levantaba y tomaba una gorra con el símbolo del **murciélago**.

Poco después estaban caminando por la **zona peatonal** de Torremolinos. Era agosto y la ciudad estaba en su punto máximo de turistas. El chico de la terraza se llamaba Samuel. Si en la terraza parecía tímido, ahora era todo lo contrario: hablaba sin parar.

—... mis padres **son un rollo**[3]. Yo no quería venir aquí. Tengo catorce años. Podía quedarme en Madrid solo, ¿no crees? Total, estoy solo todo el año, pues cuando vuelvo del colegio, no están.

Marco quería dar su opinión, pero era imposible en ese mar de palabras. Pero entonces oyeron a una señora gritar. Era una anciana que agarraba su bolso, mientras una chica joven tiraba de él.

—¡Dame lo que me debes por la "**mercancía**[4]"! —le decía la chica.

—¡Ayuda! ¡Me quieren robar! —gritaba la anciana.

Samuel se transformó. Tocó su gorra y empezó a correr hacia las dos mujeres.

—¡Una misión para Batman! —exclamó Samuel.

die Fußgängerzone

1 **disgustado/-a** – verärgert

2 **ser un asco** – schrecklich sein

3 **ser un rollo (ugs.)** – nervig sein

4 **la mercancía** – die Ware

Al llegar, saltó y le dio una patada a la ladrona. La chica cayó al suelo.

—¡**Ríndete**[5]! —le dijo Samuel con voz de triunfo.

La chica se levantó del suelo. Miró a su alrededor y vio que cada vez se acercaba más gente.

—¡Te encontraré, **niñato**[6]! Nunca olvido una cara —dijo antes de empezar a correr lejos de allí.

La anciana se acercó a ellos con una sonrisa.

—¡Eres como un ángel! Y quiero premiarte por tu valor.

La señora abrió el bolso y sacó un billete.

—¡Toma! Para tu amigo y para ti. Pasad un día bonito a mi salud.

Samuel tenía en su mano un billete lila.

—¡500 euros! —exclamaron los dos.

—Yo creía que no existían en verdad —dijo Samuel.

—Pero ¿por qué tiene tanto dinero esta señora?

—Pero, pero... —respondió Samuel— ¿Qué importa? Nos lo ha dado porque lo **merecemos**[7].

Samuel miró alrededor. Estaban enfrente de la **Casa de los Navajas**, uno de los pocos sitios que le gustaban a Marco.

—Mira, creo que necesitamos tomar algo en primer lugar, pero no en esos **chiringuitos** para turistas que sirven pescaíto frito y tortilla de patatas, sino en aquel sitio —propuso Samuel. Y señaló un restaurante de lujo. Los miraron raro al entrar y todavía más cuando pidieron mariscos y **Kas limón**[8] para merendar. Fue el inicio de una tarde inolvidable. Tras el **banquete**[9], entraron en todas las tiendas que encontraron en su camino. Marco terminó con zapatillas de deporte, pantalones, un polo, una chaqueta y gafas de sol de unas marcas que solo conocía de la tele y los escaparates. Samuel se compró varios cómics de Batman, e incluso alguno de Superman "para comparar solamente", como dijo. Por último, fueron a tomar unos helados en el paseo marítimo entre las palmeras.

5 **rendirse** – sich ergeben
6 **el/la niñato/-a** – der Rotzbengel / die Rotzgöre
7 **merecer** – verdienen
8 **(el) Kas limón** – Eigenname für eine spanische Zitronenlimonade
9 **el banquete** – das Festessen

—Dios mío, mira toda esa gente idiota, roja como **cigalas** en un grill. Nunca vamos a ser así.

—Nunca —repitió Marco—. Y nunca vamos a volver a Torremolinos en nuestras vidas.

De repente, escucharon la voz aguda de una mujer:

—Allí están, ese es el niñato que me tiró al suelo y ayudó a la bruja a escapar con nuestro dinero. ¡Malditos!

Pero esta vez la chica no estaba sola, sino que venía acompañada de un tipo que debía de ser su novio o hermano con dos perros **gigantescos**. Samuel cogió del brazo a Marco y empezaron a correr sin parar. Podían oír detrás los pasos del hombre y los **ladridos**[10] de los perros. Pero lograron llegar a su edificio, subir **como un rayo**[11] las escaleras y cerrar la puerta de su apartamento antes de caer en el suelo.

Pasaron el resto de las vacaciones en la terraza y sin atreverse a salir a la calle. Sus padres estaban contentos porque ahora sus hijos eran amigos. Un día, sin embargo, se llevaron una sorpresa: en la portada del periódico estaba la foto de la anciana a la que habían ayudado y la siguiente noticia "Detenida la abuela traficante de drogas".

—¡Creo que ahora entiendo lo de los 500 euros! —dijo Marco.

—Al final —respondió Samuel—, creo que no me importa volver el año que viene a Torremolinos. Pero si tú también vienes.

—Pero...

—Sin peros, Marco, sin peros.

—Y sin perros —dijo Marco con una gran risa.

gigantesco/-a
riesig

10 **el ladrido** - das Gebell
11 **como un rayo** - wie der Blitz

# 16 LA MAGIA DE SEVILLA

"**La Giralda fue construida**[1] en el siglo XII por los árabes no solo como minarete, sino también como **torre de vigilancia**[2]", explica Andrés, el guía. El grupo de turistas **asciende**[3] por el interior del monumento. Al llegar a la parte más alta, Nuria y Martina se quedan fascinadas por la vista de la ciudad. Sevilla es realmente única por su **mezcla**[4] de culturas, tradiciones y modernidad.

Cuando termina la visita, Andrés **se acerca a**[5] las dos jóvenes y las saluda:

—Hola **guapas**[6], ¿vosotras, de dónde sois?

—Un poco **incómoda**[7] por el estilo demasiado directo del guía, Nuria le responde:

Somos de Tarragona. Nos llamamos Nuria y Martina y somos hermanas. Estamos conociendo Sevilla, pero a veces estamos un poco **sorprendidas**[8]. La gente, sin conocernos, nos dice "guapas" o "**chiquillas**[9]" y a nosotras nos parece bastante **insolente**[10]...

Die **Giralda** wurde ursprünglich von den Arabern im 12. Jh. errichtet und später von den Christen zur Kathedrale umgebaut. Sie ist eines der Wahrzeichen von Sevilla.

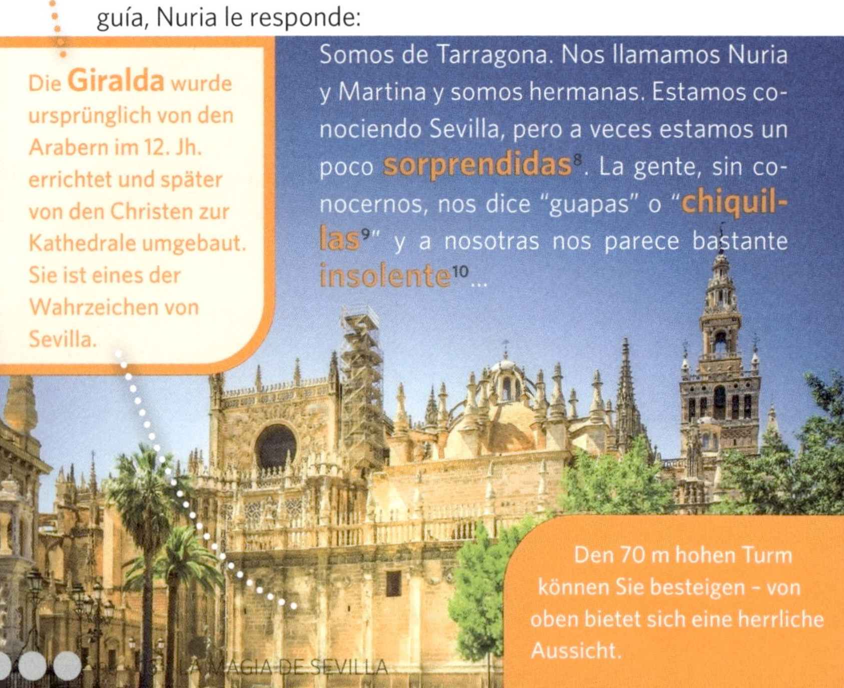

Den 70 m hohen Turm können Sie besteigen – von oben bietet sich eine herrliche Aussicht.

traditionelles Gericht mit frittiertem Fisch

Jedes Jahr findet 2 Wochen nach Ostern in Sevilla die **Feria de Abril** statt, eines der größten Volksfeste des Landes. Eröffnet wird es mit dem **alumbrao**, bei dem das Festgelände mit über 20.000 Glühbirnen beleuchtet wird.

Andrés, sorprendido por la respuesta de la chica, le explica:

—Muchachas, estáis en Andalucía. Aquí somos **alegres**[11], espontáneos, extrovertidos. Los catalanes sois mucho más serios y cerrados. Y eso se ve hasta en el folklore, nosotros, con nuestro flamenco lleno de pasión, y vosotros con vuestras **sardanas**[12]...

—Bueno, Andrés, no vamos a discutir sobre clichés. Simplemente tenemos culturas distintas.

—Vale, guapas, entonces, como signo de amistad andaluza-catalana, os invito a nuestra **caseta**[13] en la Feria de Abril. Allí estaré con mi gente. Comienza mañana, lunes. Por la tarde comemos el "**pescaíto**" y por la noche celebramos el "**alumbrao**", cuando se encienden todas las **bombillas** del **recinto**. Es un espectáculo increíble. Os doy mi número de móvil y me llamáis.

1 **fue construido/-a** – wurde erbaut
2 **la torre de vigilancia** – der Wachturm
3 **ascender** – hinaufsteigen
4 **la mescla** – die Mischung
5 **acercarse a** – sich nähern
6 **la/la guapo/-a** – der/die Hübsche
7 **incómodo/-a** – (hier:) unwohl
8 **sorprendido/-a** – überrascht
9 **el/la chiquillo/-a** – der/die Kleine
10 **insolente** – unverschämt; frech
11 **alegre** – fröhlich
12 **la sardana** – katalanischer Volkstanz
13 **la caseta** – (hier:) die Festbude

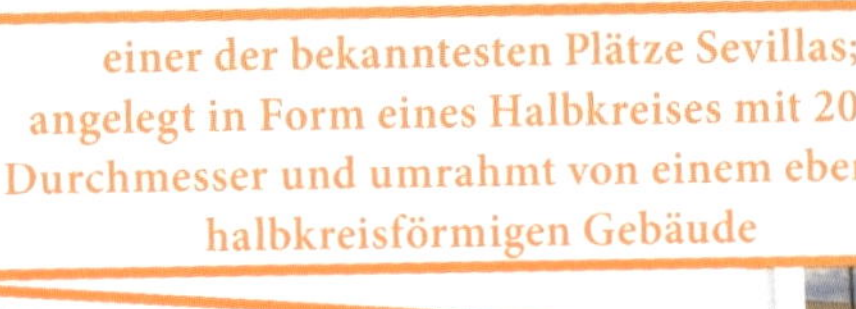
einer der bekanntesten Plätze Sevillas; angelegt in Form eines Halbkreises mit 200 m Durchmesser und umrahmt von einem ebenfalls halbkreisförmigen Gebäude

mittelalterlicher Königspalast aus dem 14. Jh. im Mudéjar-Stil, der Elemente der islamischen Architektur mit denen der Romanik, Gotik oder Renaissance verbindet

ehemaliger militärischer Turm aus dem 13. Jh.

Las dos hermanas miran escépticas a Andrés. Quizá él solo quiere ser amable, pero para ellas su comportamiento es muy **atrevido**[14]. Martina coge la tarjeta que Andrés le ofrece mientras responde:

—Gracias por la invitación, pero tenemos que pensarlo. Ya te llamaremos.

Los tres se despiden sin muchas **ganas**[15] de volverse a ver.

Nuria y Martina continúan su **paseo**[16] por Sevilla. Visitan el **Alcázar**, maravilloso palacio de origen árabe, y la **Torre del Oro**; **pasan por**[17] delante de imponentes construcciones de los siglos XVI y XVII como el Archivo de Indias, la Real Fáb rica de Tabaco, la Casa de Pilatos; **se detienen**[18] en la **Plaza de España**, de principios del siglo XX, uno de los lugares emblemáticos de la ciudad.

Cuando llegan al **Parque María Luisa**, el **jardín** romántico más bonito de Sevilla, Nuria y Martina se sientan en un banco para **descansar**[19] del largo paseo y de tantas impresiones. Las dos están emocionadas por la belleza de las construcciones y por el ambiente **cálido**[20] y luminoso de sus calles. Empiezan a pensar que quizá han sido **injustas**[21] con Andrés.

der Garten

berühmter Park mitten in Sevilla; eine der größten künstlichen Parkanlagen Spaniens la manzanilla – eine Sherryart aus Andalusien

En Sevilla la gente es abierta, **generosa**[22], amable, como su clima y su paisaje. Nuria, la hermana mayor, toma una decisión: llamarán al guía, aceptarán su invitación y asistirán a la inauguración de la Feria de Abril. Martina está de acuerdo, pero piensa que necesitarán trajes de flamenco para la feria porque ella ha visto en la televisión que tanto las mujeres como los hombres llevan los vestidos típicos.

Las jóvenes, muy animadas con la idea de **convertirse**[23] por un día en "andaluzas", llaman a Andrés, le confirman que irán a la feria y le prometen darle una sorpresa. Andrés se alegra del cambio de opinión de las catalanas y queda con ellas el lunes por la tarde en la puerta principal del recinto. Nuria y Martina pasan el resto del domingo tomando tapas y "**manzanilla**" en los bares sevillanos.

Cuando van a su hostal, las dos hermanas están **contentas**[24] tanto por las vivencias del día como por el efecto del vino.

El lunes se levantan temprano para **alquilar**[25] los trajes y prepararse para la feria. En una pequeña tienda **consiguen**[26] dos bonitos modelos, uno rojo para Nuria y otro azul para Martina. Después, van a la peluquería y, por la tarde, en el hostal, se **maquillan** y se ponen los trajes. Satisfechas con el resultado, las hermanas bajan a la

14 **atrevido/-a** – dreist, frech
15 **las ganas (immer Pl.)** – die Lust
16 **el paseo** – der Rundgang
17 **passar por** – vorbeilaufen an
18 **detenerse** – stehenbleiben
19 **descansar** – sich ausruhen
20 **calido/-a** – herzlich, warm
21 **injusto/-a** – ungerecht
22 **generoso/-a** – großzügig
23 **convertirse** – sich verwandeln
24 **contento/-a** – zufrieden
25 **aquilar** – ausleihen
26 **conseguir** – (hier:) erstehen

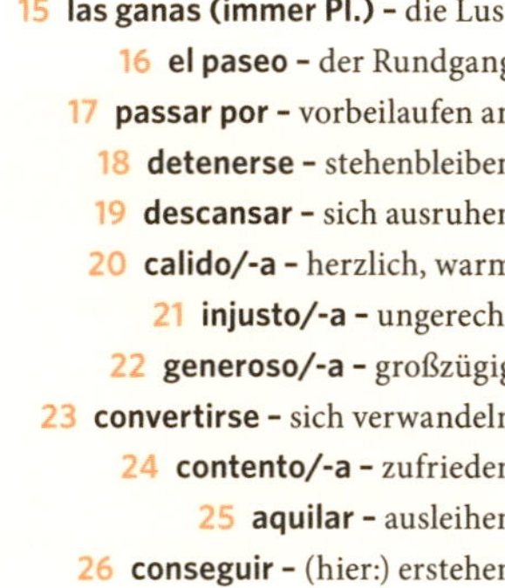

maquillarse
sich schminken

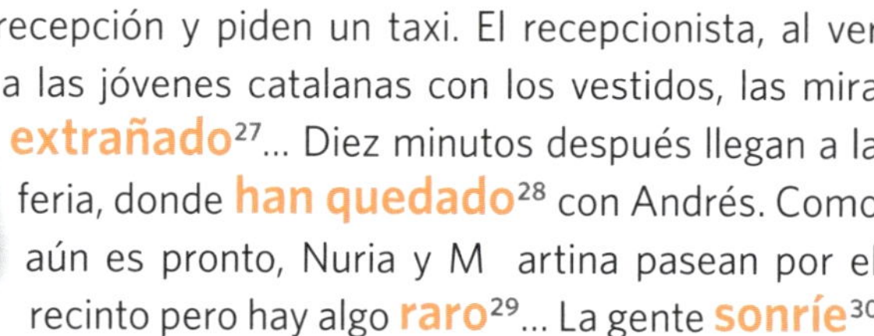

**el traje típico**
(hier:) die traditionelle Kleidung, Tracht, Festkleidung

recepción y piden un taxi. El recepcionista, al ver a las jóvenes catalanas con los vestidos, las mira **extrañado**[27]... Diez minutos después llegan a la feria, donde **han quedado**[28] con Andrés. Como aún es pronto, Nuria y Martina pasean por el recinto pero hay algo **raro**[29]... La gente **sonríe**[30] al verlas y ellas se sienten muy incómodas. Entonces **se dan cuenta**[31] de que son las únicas que van vestidas con los **trajes típicos**. No lo pueden creer. Están en la feria de Sevilla y nadie lleva la ropa tradicional andaluza. A las ocho llega Andrés al lugar de la cita y, cuando ve a las dos muchachas, **se ríe**[32] mientras les dice:

—¡Esto sí que es una sorpresa! Os **agradezco**[33] mucho que estéis aquí vestidas con nuestra ropa típica. El único problema es que nosotros no la usamos antes del "alumbrao". Por eso hoy nadie va vestido así.

Las dos hermanas se sienten **ridículas**[34]. Solo desean **desaparecer**[35] de aquel lugar y volver a Tarragona en el primer tren. **Sin embargo**[36], Andrés sigue hablando:

—**No os preocupéis**[37]. Vamos a solucionar rápido este **malentendido**[38]. Varias compañeras **se ocupan**[39] hoy de la cocina en la caseta y llevan uniforme. Seguro que ellas os pueden **prestar**[40] la ropa de recambio. Mañana os pondréis de nuevo los vestidos flamencos y seréis las más guapas de la feria.

Cuando los tres llegan a la caseta, Andrés habla con sus amigas y dos de ellas **ofrecen**[41] ropa a Nuria y Martina. Unos minutos más tarde comen

todos juntos "pescaíto" frito y beben "**rebujito**", una mezcla de "manzanilla" con limonada que les encanta a los andaluces. Todo el mundo está animado y el ambiente es muy **divertido**[42]. A las doce en punto se encienden las trescientas mil bombillas de la feria. Nuria y Martina, totalmente integradas en la fiesta, **contemplan**[43] el espectáculo. Están encantadas con la simpatía de los andaluces. Por los altavoces suena una canción, **"Sevilla tiene un color especial..."**

Longdrink, der aus 1/3 **manzanilla** und 2/3 Zitronenlimonade (oder Tonic Water) besteht; wird gerne als Aperitif getrunken.

Lied der Gruppe **Los del Rio** aus dem Jahr 2001; eine Hommage an die Stadt, in der ihre Schönheit besungen wird

27 **extranado/-a** – verwundert
28 **quedar** – verabreden
29 **raro/-a** – merkwürdig, seltsam
30 **sonreír** – lächeln
31 **darse cuenta** – bemerken
32 **reírse** – lachen
33 **agradecer** – danken
34 **ridículo/-a** – lächerlich
35 **desaparecer** – verschwinden
36 **sin embargo** – trotzdem
37 **No os preocupeís.** – Macht euch keine Sorgen.
38 **el malentendido** – das Missverständnis
39 **ocuparse** – sich kümmern
40 **prestar** – leihen
41 **ofrecer** – anbieten
42 **divertido/-a** – lustig
43 **contemplar** – betrachten

# 17 LA RANA DE LA SUERTE

pararse
anhalten

Por fin, a las diez de la noche el taxi **se para** delante del número veintitrés de la calle San Justo en Salamanca. Inge paga y **se despide**[1] del amable taxista. Está muy cansada. Termina aquí un largo viaje que ha empezado a las siete de la mañana en el aeropuerto de Copenhague, su ciudad natal, donde ha tomado un avión a Madrid, y desde allí ha seguido en tren hasta Salamanca. Ha **llegado**[2] a la ciudad para estudiar con una **beca**[3] Erasmus un año de su carrera, Psicología.

Inge mira a su **alrededor**[4] decepcionada. Está en una calle **sucia**[5] y mal iluminada, delante de un edificio de cuatro alturas, con una fachada gris **plagada de** graffitis. Desde luego, no es este el ambiente que ella esperaba. En los libros y en los prospectos, Salamanca es una ciudad bellísima, patrimonio de la humanidad. "¿He llegado al sitio correcto?", piensa Inge. Tiene ganas de salir de aquel desagradable lugar y regresar a Copenhague. Sin embargo, la estudiante danesa cierra los ojos unos segundos, respira hondo y pulsa el botón 4º A del **interfono**[6]. Alguien abre la puerta e Inge entra con su maleta en un viejo portal sin ascensor.

plagado/-a de
voll von

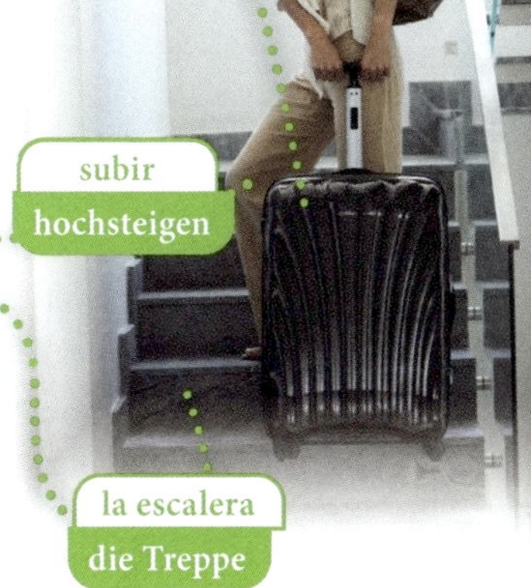


Con gran esfuerzo, por los casi treinta kilos de **equipaje** y por el **cansancio**[7] de un viaje que ya dura quince horas, **sube** las **escaleras** hasta el cuarto piso. Llama al timbre y, al abrirse la puerta, ve a sus dos **compañeros de piso**[8], Joaquín y Sonia, mirándola con una sonrisa **forzada**[9]. Ella, intentando ser simpática a pesar del cansancio y del **desencanto**[10], los saluda en un castellano **entrecortado**[11] y confuso. Al oírla, los españoles intercambian miradas divertidas. En realidad, Inge habla bien la lengua, pero ahora está cansada y nerviosa. No puede concentrarse y solo piensa en el año que va a pasar en la ciudad. Tiene un poco de miedo. Pide a sus compañeros que la lleven a su habitación. Joaquín y Sonia le muestran el piso completo: una estrecha cocina, un baño anticuado y tres dormitorios pobremente amueblados, de los cuales el más pequeño es el suyo. No importa. Ella solo quiere meterse en la cama, dormir y, por la mañana, despertar y comprobar que todo ha sido

1 **despedirse de algn.** - sich von jmdm. verabschieden
2 **llegar** - ankommen; erreichen
3 **la beca** - das Stipendium
4 **alrededor** - ringsherum
5 **sucio/-a** - schmutzig
6 **el interfono** - die Sprechanlage
7 **el cansancio** - die Müdigkeit
8 **los compañeros de piso** - (hier:) die Mitbewohner
9 **forzado/-a** - aufgesetzt
10 **el desencanto** - die Enttäuschung
11 **entrecortado/-a** - stoßweise

un mal sueño. Mientras le enseñan la casa, Joaquín y Sonia le explican cómo funciona la Universidad y cómo es la vida en la ciudad, le hablan de las **juergas estudiantiles**[12] en la Plaza Mayor, de las canciones de la **tuna**[13], un coro universitario masculino, y de las **novatadas**[14], las bromas que "sufren" los nuevos estudiantes.

Inge no tiene mucho interés en las historias que sus compañeros le cuentan. Pero hay una cosa que a Inge sí le interesa: ha leído en sus libros sobre Salamanca una historia de una famosa **rana**... Las miradas cómplices de Joaquín y Sonia se cruzan de nuevo, pero solo responden que es tarde y que al día siguiente se lo explicarán. Inge se alegra de poder ir a dormir y se despide de sus compañeros. Cuando ya está en la cama, piensa que quizá no son malos chicos y que, seguramente, con la luz del día, su impresión de la ciudad será más positiva. Unos minutos después la joven duerme profundamente.

En plena noche, Inge se despierta **asustada**[15] porque algo húmedo y ruidoso está en su mano. Mira el reloj. Son las cinco de la mañana. Se toca la mano y, en efecto, está **mojada**[16]. Además, oye **ruidos**[17] extraños. Enciende la luz y las ve. Sobre la almohada hay dos ranas verdes que la **observan**.

Inmediatamente salta de la cama y sale gritando de la habitación. Joaquín y Sonia, autores de la **pesada**[18] **broma**[19], le dicen riendo que como estudiante "novata" tiene que **superar**[20] una prueba: salir a la ciudad y buscar en uno de los monumentos la rana que le dará suerte en sus estudios. Tiene que volver a casa con una foto del animal y entonces ellos sacarán las ranitas de su habitación. Inge no puede creer que esto le esté pasando a ella. Es surrealista, absurdo, **delirante**[21]. Sin decir ni una palabra, se pone el abrigo sobre el pijama y se calza los zapatos para salir a la calle. Después de coger el móvil, cierra la puerta y baja las escaleras muy rápido. Cuando está en la calle, empieza a **llorar**[22] desesperada. Por qué ha tenido tan mala suerte, dónde se **equivocó**[23] al planear su viaje. Poco a poco el aire fresco y la vluz del amanecer la tranquilizan. Intuitivamente, comienza a andar hacia el centro de la ciudad.

Según se acerca a la **zona monumental**, los edificios son más bonitos y armoniosos, construidos con una **piedra rosada** que **brilla** con los primeros rayos del sol. El paseo devuelve el **ánimo**[24] a Inge.

12 **las juergas estudiantiles** - die Studentenstreiche
13 **la tuna** - (hier:) die Studentenkapelle
14 **la novatada** - Streich, der einem Neuling gespielt wird
15 **asustado/-a** - erschrocken
16 **mojado/-a** - feucht
17 **el ruido** - das Geräusch
18 **pesado/-a** - lästig, nervig
19 **la broma** - der Streich
20 **superar** - bestehen
21 **delirante** - wahnsinnig
22 **llorar** - weinen
23 **equivocar** - sich irren
24 **el ánimo** - der Mut

Camina hacia la **Plaza Mayor**, pasa por delante de iglesias, palacios, conventos y ve a lo lejos las dos catedrales de la ciudad.

La zona histórica es verdaderamente hermosa, los libros y los prospectos tenían razón. Cuando llega a la Plaza Mayor se sienta en un banco para **contemplar**[25] la belleza del lugar iluminado por la cálida luz de la mañana. Relajada y segura de que no se ha equivocado al elegir Salamanca, mete las manos en los bolsillos de su abrigo y, al tocar el móvil, se acuerda de la rana y de la foto. ¿Dónde podría encontrar el edificio con la rana? **Teclea**[26] en el teléfono las palabras, "rana" y "Salamanca", y en décimas de segundo consigue la respuesta que necesita: la rana se encuentra en la fachada antigua de la Universidad. Busca también en internet el camino hasta el monumento. Por suerte no está lejos de la Plaza Mayor. Inge, caminando, llega en siete minutos a su destino. Allí, se queda fascinada por la famosa **fachada** del siglo XVI, una portada de piedra **tallada** con cientos de motivos mitológicos y simbólicos. Concentrada en la búsqueda de la rana, Inge no ve

Die **universidad de Salamanca** ist die älteste Universität Spaniens. Der Totenkopf mit dem eingemeißelten Frosch ist auf ihrer Hauptfassade zu entdecken und gehört zu den berühmtesten Sehenswürdigkeiten der Stadt.

caer
fallen, stürzen

tallado/-a
gemeißelt

perder el equilibrio
das Gleichgewicht verlieren

que por la calle se acerca velozmente una bicicleta. En el mismo momento en que descubre en la fachada el animal de la suerte, oye un timbre y unos **frenos**[27] que **chirrían**[28]. A su derecha, un ciclista intenta girar su bici para no golpearla, pero **pierde el equilibrio**, **cae** y empuja a Inge, que también termina en el suelo. Poco después, los dos accidentados empiezan a moverse. Parece que no hay **huesos**[29] **rotos**[30]. El joven se levanta torpemente y se acerca a Inge. Disculpándose, le ofrece su mano para ayudarla. Ella, todavía sorprendida por el golpe, la acepta. Cuando están de pie, se miran y se sonríen. Ninguno de los dos se da cuenta de que sus manos siguen unidas y de que sus ojos no han **apartado**[31] ni un momento la mirada. ¿Será que la suerte de la rana está llegando a la nueva estudiante de Salamanca?

25 **contemplar** – betrachten
26 **teclear** – tippen
27 **el freno** – die Bremse
28 **chirriar** – quietschen
29 **el hueso** – der Knochen
30 **roto/-a** – gebrochen
31 **apartar** – sich abwenden

# Die goldene Stadt ...

... ist der Beiname Salamancas, den sie wegen ihrer schimmernden Sandsteinfassaden bekommen hat. Salamanca liegt im Nordwesten Spaniens und ist die Hauptstadt der gleichnamigen Provinz.

Die Stadt gehört seit 1988 zum Weltkulturerbe der UNESCO und war 2002 Kulturhauptstadt Europas.

la iluminación
die Beleuchtung

Durch Salamanca fließt der **Tormes**, der hier nach 247 Flusskilometern in den **Duero** mündet. Über den Fluss führt die **Puente Romano**, deren Bau auf das 1. Jh. n. Chr. datiert wird.

Eine kulinarische Spezialität Salamancas ist **hornazo**, eine Fleischpastete, die ursprünglich zu Ostern gegessen wurde. Heute kann man sie das ganze Jahr über und auch über die Grenzen Salamancas hinaus probieren.

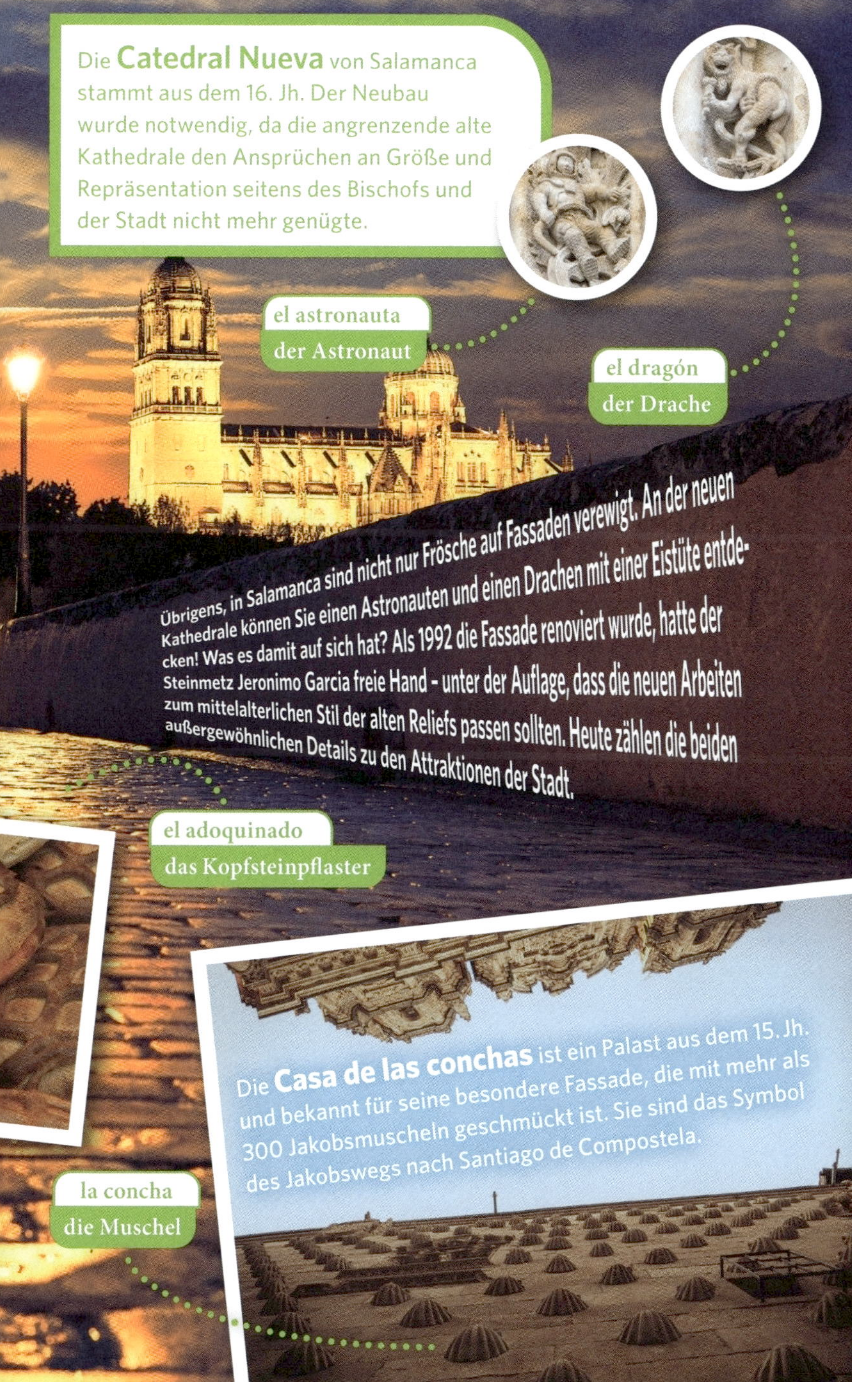
Die Catedral Nueva von Salamanca stammt aus dem 16. Jh. Der Neubau wurde notwendig, da die angrenzende alte Kathedrale den Ansprüchen an Größe und Repräsentation seitens des Bischofs und der Stadt nicht mehr genügte.
el astronauta
der Astronaut
el dragón
der Drache
Übrigens, in Salamanca sind nicht nur Frösche auf Fassaden verewigt. An der neuen Kathedrale können Sie einen Astronauten und einen Drachen mit einer Eistüte entdecken! Was es damit auf sich hat? Als 1992 die Fassade renoviert wurde, hatte der Steinmetz Jeronimo Garcia freie Hand - unter der Auflage, dass die neuen Arbeiten zum mittelalterlichen Stil der alten Reliefs passen sollten. Heute zählen die beiden außergewöhnlichen Details zu den Attraktionen der Stadt.
el adoquinado
das Kopfsteinpflaster
Die Casa de las conchas ist ein Palast aus dem 15. Jh. und bekannt für seine besondere Fassade, die mit mehr als 300 Jakobsmuscheln geschmückt ist. Sie sind das Symbol des Jakobswegs nach Santiago de Compostela.
la concha
die Muschel

# 18 UNA NOCHEVIEJA INESPERADA

Es **Nochevieja**[1], pero Diego está de mal humor. Desde hace tres años no puede celebrar la fiesta con su novia, Elena, porque, de nuevo tiene **guardia**[2]. Y lo peor es que esta vez ella sale a cenar con sus compañeros de deporte y con Manuel, su entrenador, que la quiere **conquistar**[3] aunque sabe que ella tiene novio. Para Diego lo más triste de la situación es que a Elena le gusta el tipo y su flirteo.

Por eso, esta noche, mientras ella se divierte con Manuel y los otros, Diego está enfadado y aburrido, sentado en su ambulancia junto a su nueva colega Julia. Es la primera vez que trabajan juntos en el **turno de noche**[4] porque hace pocos meses que Julia está en el **servicio de urgencias**[5] de la **Cruz Roja Española**. Es la mujer más tímida y callada que Diego conoce. No se puede imaginar pasar ocho horas por la noche con esa chica en un largo silencio porque ella casi no habla.

Cruz Roja Española

Spanisches Rotes Kreuz

Bekannte Wahrzeichen des Platzes sind das Postamt – die **Casa de Correos** und die **Statue König Karl III**.

Igual que en la Nochevieja anterior, la ambulancia de Diego está situada en una de las **salidas de emergencia**[6] de la **Puerta del Sol** de Madrid, la plaza donde se reúne más gente para celebrar el fin de año. Los que están allí tienen el privilegio de comer las **uvas** con las **campanadas**[7] del reloj "en vivo", mientras el resto de los españoles solo pueden verlo por televisión. El ambiente es alegre y ruidoso, pero Diego está tan **distraído**[8] con sus problemas que ha olvidado comprar las uvas. Esta noche no **cumplirá con**[9] el ritual de la suerte para el año nuevo, pero le da igual.

A las once, los madrileños ya llenan la plaza. Muchas personas llevan gorros, **pelucas**, beben cava y cantan. Todos tienen las bolsitas con las doce uvas que comerán al ritmo de las doce campanadas de medianoche. Así empezarán bien el año y la buena suerte les acompañará los doce meses, según la tradición.

la uva
die Traube

la peluca
die Perücke

Zentraler Platz in Madrid, hier befindet sich der sogenannte Null-Kilometerstein, von dem sich die sechs Hauptnationalstraßen Spaniens sternförmig ins Festland erstrecken.

1 **la Nochevieja** - Silvester
2 **la guardia** - der Dienst
3 **conquistar** - erobern
4 **el turno (de noche)** - die (Nacht)Schicht
5 **el servicio de urgencias** - der Notdienst
6 **la salida de emergencia** - der Notausgang
7 **la campanada** - der Glockenschlag
8 **distraído/-a** - zerstreut
9 **cumplir con** - (hier:) ausführen

Con tanta alegría y buenos deseos la gente no necesita atención médica, por lo que Diego y Julia pasan el tiempo sentados, observando el espectáculo, en silencio. Un cuarto de hora antes de las campanadas, una joven se acerca a la ambulancia porque se ha cortado con un cristal. Los sanitarios se alegran de tener una paciente y curan la **herida**[10] con mucho cuidado. Cuando la chica se marcha, Julia entra en la ambulancia y un momento después sale con uvas para los dos y una botella de sidra. Diego está muy sorprendido. Quizás Julia no es tan aburrida como él piensa. Enseguida empiezan a sonar cuatro golpes dobles de campana que anuncian el inicio del ritual. Después suenan las doce campanadas y en la plaza se vive un momento de calma mientras todo el mundo come las uvas. Tras la última campanada se rompe **bruscamente**[11] el silencio con los **fuegos artificiales** y las voces de la gente. Los madrileños se abrazan, se felicitan y brindan por todo lo bueno que va a traer el año nuevo. Diego y Julia también **brindan**, pero sin gran emoción.

das Feuerwerk (im Spanischen immer Pl.)

Pasado el momento mágico del cambio de año, los sanitarios vuelven a sus asientos en la ambulancia. En silencio siguen observando el ambiente en la plaza. De pronto, Diego ve que un hombre roba la cartera de un muchacho distraído por la fiesta y el alcohol. Poco después, el ladrón se acerca a otro grupo y roba una cartera más. Diego se pone nervioso porque nadie se da cuenta de los robos. En el momento en que el ladrón va a agarrar el siguiente monedero,

brindar – anstoßen

Diego salta de la ambulancia y corre hacia él gritando "al ladrón, al ladrón". El hombre ve a Diego y **se mezcla**[12] rápidamente entre la gente de la plaza. Diego también avanza, intentando no **perder de vista**[13] el pelo rubio del ladrón que **se dirige**[14] hacia una **calle lateral**[15]. Cuando sale del tumulto, el hombre empieza a correr en dirección al Teatro Real. Diego le **persigue**[16] sin pensar por qué lo hace. En realidad, podría pararse y olvidar el robo de las carteras, pero el enfado que le acompaña esta noche le anima a correr. Muy cerca de la ópera, el ladrón se para. Todo está oscuro y la calle vacía. A lo lejos se oye la fiesta. Cuando Diego se acerca al hombre, este se gira y saca un cuchillo. El sanitario, asustado, da un salto hacia atrás. En ningún momento había pensado que su **valiente**[17] acción podía ser peligrosa, pero ahora se da cuenta de que está arriesgando su vida. El hombre agita el cuchillo **amenazante**[18] y le indica que se marche. Diego, sin embargo, le mira y se aproxima despacio. Cuando está muy cerca, le agarra la mano con el **arma**[19] y empiezan a luchar cuerpo a cuerpo. El cuchillo se mueve entre los dos hombres. **Ambos**[20] lo **sujetan**[21] con todas sus fuerzas, pero Diego cae al suelo y pierde el cuchillo. El delincuente le inmoviliza y le pone el arma

10 **la herida** - die Wunde
11 **bruscamente** - plötzlich; brüsk
12 **mezclarse** - sich unter … mischen
13 **perder de vista** - aus den Augen verlieren
14 **dirigirse a/hace** - sich zu/nach begeben
15 **la calle lateral** - die Seitenstraße
16 **perseguir** - verfolgen
17 **valiente** - mutig, tapfer
18 **amenazante** - drohend
19 **el arma** - die Waffe
20 **ambos/-as** - beide
21 **sujetar** - festhalten

der Notfallkoffer

le pone el arma en el cuello. De pronto se oyen alarmas y coches que llegan a gran velocidad. Una ambulancia se para casi encima de los dos hombres y Julia salta con **la maleta de urgencias** en la mano. Se lanza contra el ladrón y le **golpea**[22] en la cabeza con ella. El hombre queda **inconsciente**[23]. De dos coches con sirenas azules bajan cuatro policías que se ocupan del criminal. Julia se acerca a Diego y, sin hablar, **comprueba**[24] si está herido. Por suerte solo tiene algunos golpes y cortes superficiales en las manos. La sanitaria le cura mientras Diego, muy impresionado, solo puede repetir "gracias, gracias, gracias". Al parecer, Julia es también una mujer muy enérgica. Después de la declaración de Diego a los agentes, los coches de policía se marchan con el **detenido**. Los curiosos que han **contemplado**[25] la escena desaparecen poco a poco. Al final, Diego y Julia se quedan solos. Julia propone dar un paseo antes de volver al trabajo para que Diego se tranquilice. A él le parece una idea genial. Los dos sanitarios caminan hasta los jardines de la Plaza de Oriente. Hace frío, pero la noche es agradable y luminosa. Se sientan en un banco y Diego, por primera vez interesado en conocer a su compañera, le pregunta sobre su vida. Julia, que por primera vez nota el respeto de su compañero, le cuenta que durante años ha trabajado para Médicos Sin Fronteras en África y Latinoamérica. Diego la mira sorprendido de nuevo. Definitivamente, Julia es una mujer de acción. Con mucha curiosidad le sigue haciendo preguntas. Los dos conversan largo rato. El nuevo año ha empezado con sorpresas inesperadas. Diego nunca habría podido imaginar un inicio mejor. Ahora solo espera que las sorpresas continúen...

22 **golpear** - schlagen
23 **inconsciente** - bewusstlos
24 **comprobar** - prüfen
25 **contemplar** - anschauen

las esposas (immer Pl.)
die Handschellen

der Verhaftete

# 19 EL PRECIO DE LA LIBERTAD

—Miguel, aquí tienes una sopa caliente. Seguro que después de tomarla te vas a sentir mucho mejor.

Miguel abrió los ojos y vio a Catalina, su esposa, a un lado de la cama con un plato **humeante** en las manos. Al otro lado de la cama, su hija Isabel lo miraba con preocupación. En las últimas semanas Miguel había perdido tantos kilos que, entre las sábanas, su cara pálida y delgada solo se distinguía por la barba larga y los ojos oscuros como dos pequeños **botones** negros. Le dolía todo el cuerpo y la fiebre le acompañaba día y noche.

el botón der Knopf

—Gracias, Catalina, pero no tengo hambre.

Él sabía que tenía que alimentarse para **curarse**[1], pero se sentía demasiado débil.

—Padre, necesitas comer - dijo Isabel - voy a ayudarte con la sopa.

Las dos mujeres sentaron a Miguel en la cama. Catalina volvió a la cocina e Isabel dio la sopa a su padre lentamente. El alimento **devolvió**[2] la vitalidad al enfermo y comenzó a hablar:

—Ay, hija mía, todavía tengo tantas ideas, pero ya no me quedan fuerzas para escribir. De joven quería ser un escritor famoso y vivir de mi trabajo. Sin embargo, la vida me llevó por caminos difíciles y no tuve suerte. Por eso, ahora, **tumbado**[3] en esta pobre cama de nuestra pobre vivienda en este **barrio** pobre de Madrid, siento que he **fracasado**[4].

1 **curarse** - genesen
2 **devolver** - zurückgeben
3 **tombado/-a** - liegend
4 **frascar** - scheitern

—No es cierto, padre, tú eres un buen **escritor**, igual que fuiste un buen soldado al servicio del **rey Felipe II**.

—En mis años jóvenes era aventurero e idealista. Quería tener experiencias para escribir libros y, buscando esas aventuras, me uní al ejército. Luché en la batalla de Lepanto, donde vencimos contra los turcos. Yo era un soldado valiente, pero me **hirieron**[5] en el brazo y mis jefes me ordenaron regresar a España.

Desde entonces no puedes mover el brazo izquierdo, ¡qué mala suerte!

—No, Isabel, no fue mala suerte, porque gracias a esa herida el capitán me dio una carta de recomendación para el rey, como premio por mi coraje. Muy contento tomé un barco hacia España, pero, en el Mediterráneo, unos piratas nos **asaltaron**[6] y nos llevaron a Argel, donde me **encerraron**[7] en una cárcel. Allí, los **vigilantes**[8] encontraron la carta dirigida al rey, pensaron que yo era una persona importante y pidieron a mi familia un **rescate**[9] enorme.

—¡Vaya! Al final la carta te trajo mala suerte...

—Así es, hija, a veces, lo que nos parece suerte, es en realidad desgracia, y al revés. Cinco años estuve en la prisión de Argel porque mi familia no tenía el dinero para liberarme. Sin embargo, nunca perdí la esperanza de volver a ser libre. Intenté escapar cuatro veces, pero no lo conseguí. Finalmente, unos religiosos pagaron mi rescate y me llevaron a España.

spanischer König (1527–1598)

—¿Escribiste, entonces, para los nobles de la Corte?

—No, Isabel, nunca lo hice. Yo quería ser libre para escribir con mi estilo y mis ideas. Si trabajaba para un noble, no me faltaría el alimento, pero sí la libertad. Por eso, decidí ser independiente. Para ganar dinero me dediqué a cobrar impuestos en Castilla y en Andalucía. Fueron años muy duros porque **cobrar impuestos**[10] no era una **tarea**[11] sencilla. Tenía que **enfrentarme**[12] con nobles y religiosos que no querían pagar al rey y, algunas veces, terminé en la cárcel. Como ves, nunca he tenido amigos entre los **poderosos**[13]. Además, aunque en mi tiempo libre escribía obras de teatro y pequeñas novelas, nadie las quería publicar. ¡Un verdadero desastre!

—¿Y qué pasó con la carta que tu capitán te dio para Felipe II?

—Presenté la carta en la Corte de Madrid y **solicité**[14] un trabajo en las colonias, al otro lado del océano, pero no me lo dieron. Me dijeron que allí no podría sobrevivir con un brazo paralizado. Como ves, Isabel, nada ha sido fácil en mi vida. Siempre he tenido que luchar contra "gigantes" para pedir justicia o para defenderme, y la mayoría de las veces he perdido las batallas.

—Sin embargo, padre, sí publicaste tu obra más importante y más querida. El Quijote tuvo mucho éxito y ganaste dinero.

—Efectivamente, Isabel, por primera y única vez en mi vida conseguí vivir de la escritura. Durante ese tiempo pude **alimentar**[15] a mi familia o, mejor dicho, a las mujeres de

5 **herir** - verletzen
6 **asaltar** - überfallen
7 **encerrar** - einsperren
8 **el/la vigilante** - der/die Wächter/in
9 **el rescate** - das Lösegeld
10 **cobrar impuestos** - Steuern kassieren
11 **la tarea** - die Aufgabe
12 **enfrentarse** - konfrontieren
13 **el/la poderoso/-a** - der/die Mächtige
14 **solicitar** - sich bewerben
15 **alimentar** - ernähren

la familia con las que vivo: mis hermanas, mis sobrinas, mi mujer y ahora, tú también, hija mía. Normalmente, ellas ganaban el dinero, trabajando como **costureras** o **lavanderas**. Vivíamos juntos porque mis hermanas nunca se casaron. Las pobres sufrieron mucho por estar solteras. Por eso yo defendí en mis novelas el derecho de las mujeres a ser independientes y a elegir su forma de vida. Sin embargo, nadie lo entendió. A causa de estas ideas la gente pensó que yo estaba tan loco como mi Quijote. Al final, el dinero se terminó y volvimos a nuestra pobreza.

—Padre, me dijiste que nuestra vida humilde aquí en Madrid se debe a tu fracaso como escritor. Sin embargo, ahora que conozco toda la historia, creo que solo porque has tenido una vida inusual has podido crear obras excepcionales. Gracias a tu pensamiento original, a tus experiencias y a tu libertad has podido escribir con gran **sabiduría**[16] sobre el ser humano. Tus libros serán valorados algún día. Estoy segura.

—Cierto, Isabel. Mi vida no ha sido fácil y mi camino como escritor, muy complicado, pero elegí ser libre, vivir a mi manera y escribir según mis propias ideas. Nunca me he **arrepentido**[17] de mi decisión.

Als treu ergebener Knappe steht der Bauer **Sancho Panza** auf seinem Esel an der Seite Don Quijotes.

**Miguel de Cervantes** murió pobre el 22 de abril de 1616. Sus obras **anticiparon**[18] los principios de la literatura moderna. Actualmente se considera el escritor más importante de la lengua española. **"Don Quijote de la Mancha"** es la **novela** española más conocida en el mundo.

Miguel de Cervantes (1547-1616) gilt als Spaniens Nationaldichter. Sein berühmtestes Werk ist **El ingenioso hidalgo Don Quixote de la Macha**.

Berühmt und inzwischen zum geflügelten Wort geworden, ist der **Kampf gegen die Windmühlen** des Don Quijote, einem Vertreter des niederen Adels, der dem Ideal eines glänzenden Ritters nacheifert.

16 **la sabiduría** – die Weisheit
17 **arrepentirse** – bereuen
18 **anticipar** – vorwegnehmen

# 20 POR UNA VEZ, ALGO DIFERENTE

La cena en el **parador**[1] de **Ribadeo** comienza a las diecinueve horas. Teresa y Pilar están sentadas en el comedor del hotel, aunque todavía está vacío. Las mujeres han llegado esa misma tarde desde su pueblo, Benavente. **Por una vez**[2], las dos amigas quieren hacer algo diferente y han decidido pasar unos días en el mar. Sin embargo, su tiempo en la costa de Galicia no ha empezado bien. El camino en autobús ha sido largo e incómodo. Seis horas ha **tardado**[3] el vehículo en recorrer trescientos kilómetros, ¡increíble! Ahora, cansadas del viaje, tienen hambre y esperan la comida. Han oído que la gastronomía **gallega**[4] es excelente y quieren probarla. Además, por una vez también, no son ellas las que cocinan y eso ya significa "vacaciones". **Pimientos de Padrón**, **calamares y pulpo a la gallega** como entrantes, sopa de marisco de primer plato y **lubina** de segundo, y de postre, **dulces de las monjas**[5] con **licor de hierbas**[6].

Hafenstadt am **Golf von Biskaya** in **Galicien**. (Auf dem Foto blickt man von Ribadeo auf Castropol.)

Teresa y Pilar están encantadas con las especialidades gallegas. Muy satisfechas, salen del comedor y pasean un rato por los jardines del parador. Desde allí pueden ver la ría y, en el horizonte, la puesta de sol. Mientras **contemplan**[7] el espectáculo, Teresa piensa en su familia y dice: "A Paco y a los niños les gustaría mucho estar aquí". Pilar mira a su amiga con ironía y le responde: "Pero, mujer, queremos pasar unos días solas y **descansar**[8] de nuestra rutina. Tus hijos ya son mayores y Paco está trabajando. No pienses tanto en ellos, por una vez, piensa en ti".

Teresa sabe que su amiga lleva razón. Tiene cincuenta y cuatro años, pero nunca ha hecho nada sola. Ha **dedicado**[9] toda su vida a la familia y al hogar. Es, ante todo, **fiel**[10] esposa de su marido y madre protectora de Fran, de diecisiete años, y Maite, de quince. Es cierto que sus hijos ya son jóvenes independientes y no la necesitan, pero ella sigue cuidándolos. Una madre es siempre una madre. Además, piensa Teresa, Pilar no comprende cómo **echa de menos**[11] a su familia porque ella está **soltera**[12] y nunca ha cuidado a nadie. Son dos mujeres muy diferentes, pero amigas desde que tenían seis años y nada las ha separado ni las separará.

1 **el parador** - der Parador (spanisches staatliches Touristenhotel, meist an einem kulturhistorisch bedeutenden Ort)
2 **por una vez** - ausnahmsweise
3 **tardar** - brauchen
4 **gallego/-a** - galicisch
5 **el dulce de monjas** - galicisches Gebäck
6 **el licor de hierbas** - der Kräuterlikör
7 **contemplar** - betrachten
8 **descansar** - ausruhen
9 **dedicar** - widmen
10 **fiel** - treu
11 **echar de menos** - vermissen
12 **soltero/-a** - alleinstehend

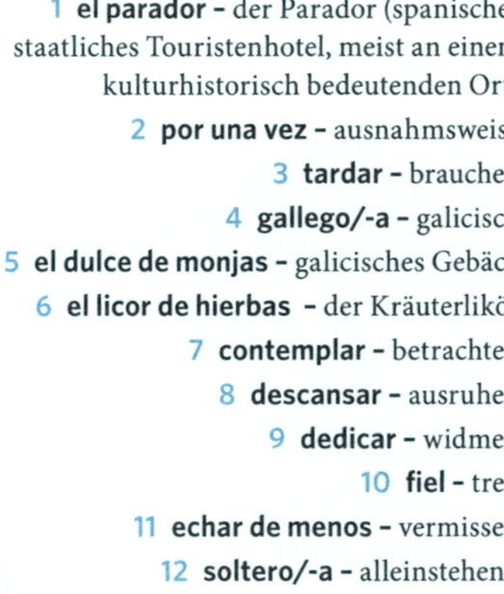

De camino a la habitación, Teresa **experimenta**[13] una sensación **extraña**[14], siente que alguien las observa. Mira a su **alrededor**[15] en el pasillo del hotel, pero no ve a nadie. Ya en su cuarto, cuando las dos mujeres se preparan para ir a la cama, Teresa vuelve a tener esa extraña sensación y comenta: "Creo que no estamos solas en la habitación". Pilar, sorprendida y un poco cansada de la **nostalgia**[16] de Teresa, le dice: "Estás muy **rara**[17]. Si echas de menos a tu familia, mañana por la mañana puedes regresar a Benavente. Yo quiero disfrutar de las vacaciones". Después de escuchar las palabras de su amiga, Teresa se **disculpa**[18]. Ella también quiere pasar un tiempo bonito en el mar. Las dos mujeres se acuestan.

El día siguiente, durante el desayuno, la camarera informa a las señoras de que el parador organiza una excursión a Santiago de Compostela para visitar la famosa catedral. Todos los **huéspedes**[19] están invitados. Pilar acepta la propuesta, pero Teresa prefiere relajarse en el hotel. Una hora más tarde, el autobús sale hacia Santiago con Pilar y los demás excursionistas. Teresa lo ve marchar desde la ventana del salón y sube a su habitación. Una vez más, en el pasillo, siente muy cerca la presencia de alguien y oye la voz de un niño. Inquieta, **recorre**[20] todo el edificio, pero no ve ni a niños ni a mayores. Los turistas ya se han ido a la playa y todo está tranquilo. Teresa empieza a pensar que Pilar tiene razón, estas raras sensaciones le **recomiendan**[21] visitar un lugar muy especial, la Playa de las Catedrales, que está

doce kilómetros de Ribadeo. Por suerte, en el pueblo hay una línea de bus que pasa por allí.

Casi es mediodía cuando Teresa llega a la playa. Ha llevado su bañador y su toalla, pero está **excitada**[22] como una niña porque hace muchos años que ni **toma el sol** ni se baña en el mar. Sentada en la **arena**, observa el movimiento del agua. De repente, un joven se acerca a ella y le pregunta amablemente si puede sentarse a su lado. Teresa se siente un poco incómoda, pero acepta. El joven, de unos veinte años, comienza a hablar sobre la belleza de la costa.

13 **experimentar** - spüren
14 **extraño/-a** - merkwürdig
15 **el alrededor** - die Umgebung
16 **la nostalgia** - das Heimweh
17 **raro/-a** - seltsam
18 **disculparse** - sich entschuldigen
19 **el/la huésped** - der Gast/ die Gästin
20 **recorrer** - (hier:) absuchen
21 **recomenadar** - empfehlen
22 **excitado/-a** - aufgeregt

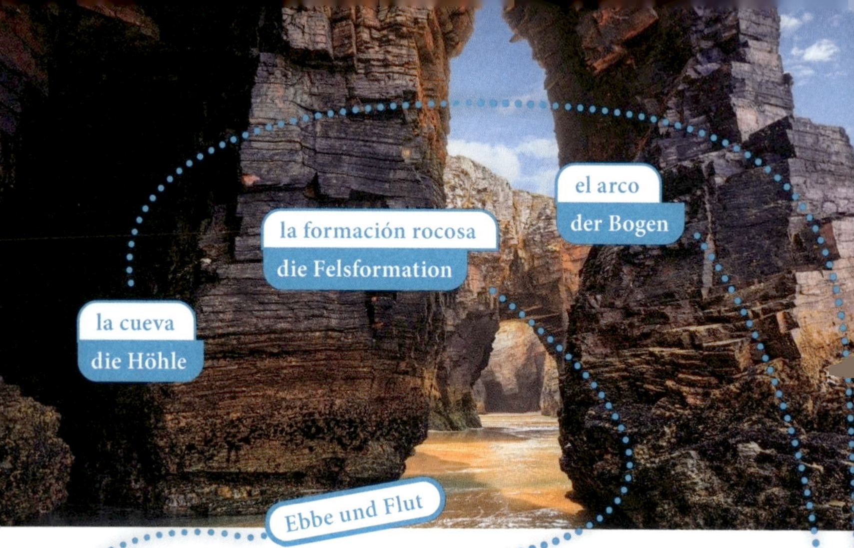


Como Teresa todavía no ha visto la zona monumental de la playa, el joven le propone visitarla. Caminan hasta unas **formaciones rocosas** que por la erosión del agua se han convertido en **arcos** similares a los de una catedral. El lugar es mágico y espectacular. Teresa está fascinada. Teresa y Antón, que así se llama el joven, pasean entre las **cuevas** y los arcos naturales. Antón le explica que, cuando el agua sube con la **marea**, las rocas desaparecen y no se ven durante algunas horas. Para Teresa, todas las explicaciones de Antón son interesantes, pues ella, como mujer **castellana**[23], no sabe de mar, sino de campo.

De pronto, se da cuenta de que, en realidad, el chico es un completo desconocido y le pregunta un poco nerviosa: "Antón, tú, ¿por qué estás aquí? ¿Pasas tus vacaciones? ¿Has venido con tu familia?". El joven le responde: "Este es mi mar y esta es mi tierra, pero, a veces, me siento muy solo aquí". Teresa vuelve a tener una sensación extraña, como en el hotel, y decide regresar a Ribadeo. Se despide del muchacho, toma el bus y una hora después entra en el parador.

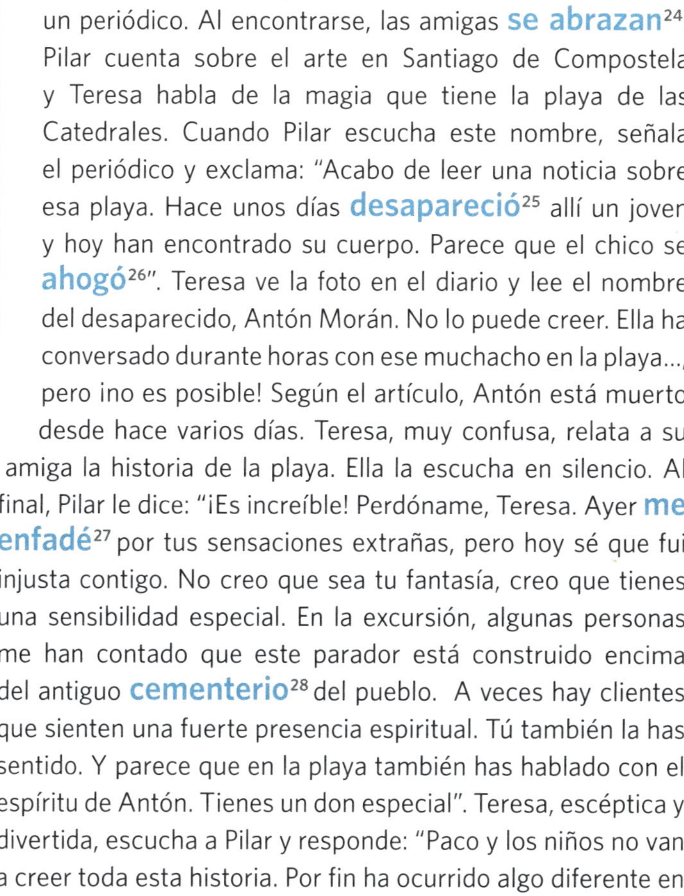

Pilar ya ha regresado y está sentada en la terraza, leyendo un periódico. Al encontrarse, las amigas **se abrazan**[24]. Pilar cuenta sobre el arte en Santiago de Compostela y Teresa habla de la magia que tiene la playa de las Catedrales. Cuando Pilar escucha este nombre, señala el periódico y exclama: "Acabo de leer una noticia sobre esa playa. Hace unos días **desapareció**[25] allí un joven y hoy han encontrado su cuerpo. Parece que el chico se **ahogó**[26]". Teresa ve la foto en el diario y lee el nombre del desaparecido, Antón Morán. No lo puede creer. Ella ha conversado durante horas con ese muchacho en la playa..., pero ¡no es posible! Según el artículo, Antón está muerto desde hace varios días. Teresa, muy confusa, relata a su amiga la historia de la playa. Ella la escucha en silencio. Al final, Pilar le dice: "¡Es increíble! Perdóname, Teresa. Ayer **me enfadé**[27] por tus sensaciones extrañas, pero hoy sé que fui injusta contigo. No creo que sea tu fantasía, creo que tienes una sensibilidad especial. En la excursión, algunas personas me han contado que este parador está construido encima del antiguo **cementerio**[28] del pueblo. A veces hay clientes que sienten una fuerte presencia espiritual. Tú también la has sentido. Y parece que en la playa también has hablado con el espíritu de Antón. Tienes un don especial". Teresa, escéptica y divertida, escucha a Pilar y responde: "Paco y los niños no van a creer toda esta historia. Por fin ha ocurrido algo diferente en mi vida. A partir de ahora seré esposa, madre y, además, gran espiritista". Las dos amigas se ríen y pasan a cenar al comedor. Por una vez, unas vacaciones diferentes, lejos de la rutina...

23 **castellano/-a** - kastillisch
24 **abrazarse** - sich umarmen
25 **desaparecer** - verschwinden
26 **ahogar** - ertrinken
27 **enfadarse** - sich ärgern
28 **el cementerio** - der Friedhof

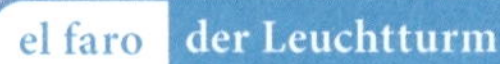


# Hoch im Norden ...

... in Galicien und unweit von Ribadeo, steht der **Faro Illa Pancha**. Was aussieht wie in Nordeuropa, liegt tatsächlich in Spanien, an der Nordwestküste des Landes.

a rayas
gestreift

**Einige galicische Spezialitäten haben Sie schon in der Geschichte kennengelernt. Aber auch diese beiden sollten Sie unbedingt probieren, wenn Sie einmal nach Galicien reisen ...**

Der **Tetilla** ist ein weicher, milder und buttriger Käse aus Kuhmilch. Seine Form erinnert an eine weibliche Brust, weshalb er auch genauso heißt – **tetilla** bedeutet „kleine Brust". Komischer Name für einen Käse? Hier die Legende dazu: In der Kathedrale von **Santiago de Compostela** befindet sich eine Statue der Königin **Saba**. Deren Dekolleté soll einem der Erzbischöfe zu weit ausgeschnitten gewesen sein, woraufhin der Busen der Statue abgeflacht wurde. Die empörten Bürger und Bürgerinnen der Stadt stellten daraufhin einen Käse her, der der Form einer Brust nachempfunden war.

**In Galicien und einigen angrenzenden Regionen wird neben Spanisch auch Galicisch – Gallego – gesprochen. Die Sprache ist eng mit dem Portugiesischen verwandt. Rund 2,5 Millionen Menschen sprechen Galicisch, etwa 2 Millionen davon als Alltagssprache.**

In Galicien beruft man sich oft auf die keltischen Vorfahren, denn ja, im 6. Jh. v. Chr. wanderten hier die Kelten ein. Keltische Spuren finden sich in Bauten, Traditionen, Bräuchen und in der Musik. Seien Sie nicht überrascht, wenn Sie die Klänge eines Dudelsacks vernehmen. Sie hören die **gaita** – eine Sackpfeife, die genauso klingt wie ihr bekannterer schottischer Verwandter!

Sie sind in ganz Spanien verbreitet, stammen aber ursprünglich aus Galicien: **empanadas**, Pasteten, die mit Fleisch, Fisch oder Gemüse gefüllt sind. In Form von kleineren Teigtaschen heißen sie **empanadillas**.

el puente
die Brücke

# 21 LA TORRE

Como cada verano, Nacho y su prima Lucía pasan las vacaciones en ***La Torre***. Así llaman en el pueblo a la casa de su abuela Cayetana, un palacio del siglo XIX con un jardín de palmeras y árboles frutales. El nombre de ***La Torre*** le viene por las dos torres circulares que tiene la casa, una a cada lado de la fachada. Esta original estructura y el color naranja del edificio lo hacen inconfundible en los **alrededores**[1] de Almería. Hoy es domingo y la tía Marta, que vive con la abuela, ha llevado a los niños a su playa preferida, Roquetas del Mar, a cuarenta kilómetros de la capital. Mientras ella toma el sol, sus sobrinos se divierten haciendo un castillo de arena. Quieren construir la casa de la abuela en la playa de Roquetas. La construcción parece tan interesante que otros niños observan el trabajo de Nacho y Lucía. Uno de ellos pregunta curioso:

—¿Existe de verdad una casa así, con esas torres?

—Sí —responde Lucía—, es la casa de mi abuela y no está lejos de aquí.

—En mi país no he visto nunca una casa así —comenta el niño.
—¿Cuál es tu país? —dice Nacho.
—Marruecos.
—¿Estás de vacaciones en España? —continúa Nacho.
—No, vivo aquí. Mis padres trabajan en los **invernaderos**[2] de El Ejido.
—¿Cómo te llamas? —pregunta Lucía.
—Malik —responde sonriendo el niño.

**Los mares de plástico, donde se producen las toneladas de frutas y verduras que se exportan a toda Europa.**

Los dos primos conocen el lugar. Han visto a menudo *los mares de plástico*, como ellos llaman a los invernaderos, donde se producen las toneladas de frutas y verduras que se exportan a toda Europa. Saben también que el trabajo es muy duro y que por eso solo trabajan allí los inmigrantes.
Nacho invita a Malik a terminar la casa de arena con ellos. Pasan todo el día jugando, bañándose y hablando. El niño marroquí les cuenta que su padre llegó en una **patera** a la costa española hace unos años. Tuvo suerte y empezó a trabajar pronto. Cuando pudo legalizar su situación en España y ahorrar dinero, trajo a su familia a vivir con él. Ahora viven todos, los padres y los tres hijos, en un piso que comparten con una familia de Senegal. Aunque son once personas en la casa, están contentos porque pueden ir al colegio y no les falta comida.

das kleine Boot

1 **los alrededores** - die Umgebung
2 **el invernadero** - das Gewächshaus

Además, en España pueden estudiar, aprender un oficio o viajar a otro país de Europa. Su futuro es sin duda mejor aquí que en Marruecos.

Por la tarde los niños tienen que despedirse. Lucía le pregunta a su tía si Malik los puede visitar y conocer la casa de la abuela. La tía Marta sonríe y les propone ir a buscar a Malik al día siguiente para pasar el día en ***La Torre***. Los tres niños saltan de alegría.

A la mañana siguiente muy temprano, Marta y sus sobrinos viajan hasta El Ejido para recoger a Malik. Cuando entran en su casa no dicen nada, pero se sienten mal. Por puro **azar**[3] ellos nacieron en una familia rica y Malik, en una familia pobre. Sin embargo, el niño marroquí está feliz, por primera vez va a visitar un verdadero palacio.

Cuando llegan a ***La Torre***, Nacho y Lucía corren a buscar a su abuela para presentarle a su amigo. La abuela Cayetana es una mujer muy **acogedora**[4] y habla con Malik largo rato. Después, los niños salen al jardín y allí pasan la mañana, inventando juegos de aventuras entre las palmeras, que ellos imaginan en el desierto del Sáhara.

A la hora de comer entran en la casa. Malik observa curioso los muebles antiguos del comedor. Comen en una gran mesa de **caoba**[5]. Cuando terminan, se sientan con la abuela en el sofá del salón. Mientras ella toma café, los tres amigos juegan al **ajedrez**:

Nacho y Lucía se sorprenden por la rapidez en los movimientos de Malik. Él les cuenta que aprendió a jugar con su maestro en Marruecos y que practica frecuentemente con sus hermanos.

—¡Eres un verdadero genio del ajedrez! —dice Nacho con admiración.

A media tarde los dos primos le proponen a Malik recorrer la casa de la abuela y descubrir sus secretos. ¿La casa tiene secretos? Eso suena muy interesante para el niño marroquí. Comienzan su recorrido por la planta baja, donde, además del comedor y el salón, hay una cocina enorme con un **horno de leña**[6] para preparar el pan y asados deliciosos. A Malik le encanta esa cocina antigua y su olor a comida. En la primera planta visitan los dormitorios. Las habitaciones de Nacho y Lucía son cómodas y modernas, las de la tía Marta y la abuela tienen camas y armarios muy elegantes de maderas

3 **el azar** – der Zufall

4 **acogedor (Adj.)** – (hier:) gastfreundlich

5 **la caoba** – das Mahagoniholz

6 **el horno de leña** – der Holzofen

oscuras. Los niños suben hasta el segundo piso. Allí hay un **desván**[7] con una pequeña puerta. Lucía le explica a Malik que es el acceso a la torre Norte de la casa. Los tres niños entran en ella y suben despacio por una escalerita estrecha. Arriba hay un mirador con grandes ventanas desde las que se ve el hermoso paisaje. De pronto, Malik pregunta:

—¿Podemos visitar la otra torre también? No he visto otra puerta.

Nacho responde con voz seria:

—Malik, este es el misterio de la casa: la entrada a la torre Sur es secreta, pero como eres nuestro amigo te la vamos a mostrar.

Los tres bajan de nuevo al desván y Nacho abre la puerta de un armario viejo colocado en la pared Sur. Corre una de sus tablas interiores y descubre un hueco. Es el acceso a la torre Sur. Los niños pasan por el armario y suben por una escalerita idéntica a la de la torre Norte. Cuando están arriba, Malik observa que allí las ventanas son más pequeñas y la sala solo tiene una cama, una mesa y un sillón. Mientras que el mirador de la torre Norte es luminoso y cómodo, aquella habitación oscura y aislada parece una **cárcel**[8]. Lucía mira a Malik y le dice:

—Aunque sé que este lugar no te gusta, tienes que conocer su historia. Creo que después vas a cambiar de opinión. Vamos a hablar con la abuela.

**No hay nada más importante que salvar la vida de una persona.**

Los amigos bajan al salón, donde Cayetana está leyendo una novela. Sus nietos le preguntan por la historia de la torre Sur y ella le cuenta el misterio a Malik:

—Querido Malik, creo que eres un niño sensible e inteligente y por eso te voy a contar esta historia. En España hubo una guerra civil hace más de 70 años. Los militares fascistas ganaron esa guerra y después

**persiguieron**[9], mataron o metieron en la cárcel a los **vencidos**[10], las personas que defendieron la democracia. En esta casa —continúa la abuela— mi familia **escondió**[11] a un muchacho que luchó contra los fascistas. Mi padre preparó la habitación oscura con la puerta secreta que has visto. El chico vivió ahí quince años. Después de ese tiempo salió con documentos falsos, se fue a Francia y no volvió nunca a España.

—Lo importante es que, gracias a esa habitación secreta, salvó la vida, ¿verdad? —comentó Malik.

—Sí —contestó Cayetana—, y mi familia nunca pensó en el riesgo.

Malik se pone serio y añade con voz tranquila:

—Entiendo muy bien a su familia, Cayetana. No hay nada más importante que salvar la vida de una persona. Yo también os voy a contar un secreto: en mi casa hay un hombre de Sudán que vive con nosotros. Está escondido. Dicen que es *ilegal* y por eso, si la policía lo descubre, tiene que volver a su país. Yo siempre me pregunto cómo puede ser *ilegal* un ser humano.

En el ambiente resuenan con fuerza las últimas palabras de Malik: ¿puede ser ilegal un ser humano? Cayetana, Nacho y Lucía miran al niño **asombrados**[12]. Nadie habla. Sentados en el salón, la abuela abraza al pequeño y sus amigos le dan la mano. Los cuatro permanecen en silencio, pensativos, mientras llega la noche al salón de La Torre.

7 **el desván** - die Dachkammer
8 **la cárcel** - das Gefängnis
9 **perseguir** - verfolgen
10 **el/la vencido, -a** - der/die Besiegte
11 **esconder** - verstecken
12 **asombrado, -a (Adj.)** - erstaunt

# 22 REGALO DE REYES

die Heiligen Drei Könige

Cada Navidad Santi y Sofía esperan impacientes los regalos que los **Reyes Magos** les dejan junto a sus zapatos en la noche del 5 al 6 de enero. Como todos los niños españoles, la tarde anterior salen con sus padres a dar la bienvenida a los Reyes en la tradicional **cabalgata**[1]. Sin embargo, este año es diferente en la familia de Santi y Sofía. Los dos niños van a dormir esta noche en casa de su tía Mónica porque sus padres están en el hospital esperando al nuevo hermanito que va a llegar en cualquier momento. Por primera vez Santi y Sofía van a pasar la noche de Reyes fuera de su casa y lejos de sus padres. Normalmente les gusta mucho visitar a su tía Mónica, pero ahora hay algo que les **preocupa**[2]: ¿Saben los Reyes Magos dónde les tienen que dejar los **regalos**?.

Mientras Mónica se prepara para llevar a sus sobrinos a la Cabalgata, los dos hermanos hablan en voz baja en el salón. Santi, con siete años, es el hermano mayor e intenta tranquilizar a Sofía, de cinco:

—Tranquila, hermanita, te aseguro que vas a recibir los regalos que has pedido a los Reyes porque yo tengo un plan. Esta noche voy a esperar despierto a los Magos de Oriente para explicarles que nos tienen que dejar aquí los regalos.

—¡Qué bueno eres, Santi! Eres el mejor hermano del mundo —le dice Sofía, con ojos todavía llorosos, pero más **serena**[3] después de escuchar las palabras de Santi.

La tía Mónica no sabe nada de las preocupaciones de sus sobrinos. Además, los niños han decidido no contarle su plan porque piensan que si ella **se entera**[4] de que no quieren dormir, se va a **enfadar**[5] y no lo va a permitir.

**Hablan de los Reyes, de las carrozas y de la montaña de paquetes que han visto en la cabalgata.**

Cuando Mónica está lista, entra en el salón y anuncia **alborozada**[6] que los Reyes han llegado a la ciudad. Los niños aplauden contentos y se ponen los abrigos para salir a recibirlos. En el centro, las calles están llenas de luces, de música y, sobre todo, de niños entusiasmados esperando a sus Reyes favoritos. Los pequeños han enviado sus cartas a Melchor, Gaspar y Baltasar para contarles qué regalos desean. También Santi y Sofía lo han hecho, con la ayuda de su madre que sabe escribir mejor que ellos.

Mónica y sus sobrinos se colocan en primera **fila**[7] para

1 **la cabalgata** - der Umzug
2 **preocupar** - beschäftigen
3 **sereno (Adj.)** - ruhig
4 **enterarse de** - erfahren
5 **enfadarse** - böse werden
6 **alborozado (Adj.)** - überglücklich
7 **la fila** - die Reihe

traditioneller Kranzkuchen, der zum Dreikönigstag gebacken wird

ver bien el **desfile**[8]. Suenan **villancicos**[9] por los altavoces y en la calle donde se han situado aparecen las **carrozas**[10] adornadas con cientos de estrellas luminosas. Los **pajes**[11] de los Reyes pasan en primer lugar, transportando los miles de paquetes que van a repartir esa misma noche y lanzando **caramelos**[12] a los niños. A continuación desfilan los carruajes reales donde van sentadas Sus Majestades, que saludan sonrientes al público.

Santi y Sofía contemplan fascinados la Cabalgata. Para ellos, como para los demás niños, es el principio de una noche mágica. Mónica, menos impresionada por el desfile, se dedica a coger los caramelos que sobrevuelan sus cabezas. Después de una hora la **comitiva**[13] real se aleja y las familias regresan a sus hogares. De camino a casa, Mónica compra el típico **roscón** para celebrar el día de Reyes con sus sobrinos. Los niños cenan con ganas y, bastante nerviosos, se preparan para ir a la cama. Hablan mucho de los Reyes, de las carrozas y, sobre todo, de la montaña de paquetes que han visto en la Cabalgata. Piensan que entre todos ellos están sus regalos, pero tienen miedo de no recibirlos en casa de su tía. También se sienten intranquilos porque han oído que a los niños traviesos los Reyes les traen **carbón**. Mónica se ríe de las ideas de sus sobrinos y les explica que ellos son unos niños maravillosos y que, como los Reyes son Magos, van a saber sin duda dónde les tienen que dejar los regalos. **A pesar de**[14] las palabras de su tía, Santi y Sofía siguen con su plan secreto. Colocan sus zapatos, se despiden de

die Kohle

Mónica y se van a la cama. Los dos intentan **mantenerse despiertos**[15], pero pronto Sofía se duerme en su habitación. Santi, sin embargo, espera un rato y cuando su tía se acuesta, él se levanta. Quiere esperar sentado en el salón la visita real.

De repente, la voz del padre despierta a los niños: «¡Vamos, chicos, levantaos! ¡Tenemos que **marcharnos**[16]! » Santi abre los ojos, ya es de día y él no ha visto a los Reyes Magos. Mira a su **alrededor**[17] y tampoco ve regalos. No se lo puede creer: ¡Los Reyes se han olvidado de ellos! Sofía sale de la habitación y al ver los zapatos vacíos rompe a llorar. Santi se une a su hermana y los dos lloran **desconsoladamente**[18]. Su padre y su tía no encuentran modo de calmarles. Finalmente, el padre viste a los niños con prisa y les dice que algo importante les está esperando. En el coche ni el padre ni los niños hablan. Después de un trayecto corto, llegan al hospital. Santi y Sofía, todavía tristes, suben al cuarto donde se encuentra su madre. Al mismo tiempo que el padre abre la puerta de la habitación, los niños abren los ojos como platos: en el centro de la estancia está su mamá sentada con un bebé en los brazos y a su alrededor hay montones de regalos. Los niños se acercan despacio para ver a su hermanito y miran con curiosidad los paquetes. La madre besa a sus hijos y exclama alegre:

—Como veis, este año los Reyes Magos nos han traído al pequeño Teo, y lo han mandado lleno de regalos para vosotros.

Santi y Sofía abrazan a su hermano jubilosos. Es el momento más feliz de toda su vida.

8 **el desfile** - der Umzug
9 **el villancico** - das Weihnachtslied
10 **la carroza** - die Prachtkutsche
11 **el paje** - der Page
12 **el caramelo** - das Bonbon
13 **la comitiva** - die Begleitung
14 **a pesar de** - trotz
15 **mantenerse despierto** - wach bleiben
16 **marcharse** - weggehen
17 **el alrededor** - unmittelbare Umgebung
18 **desconsoladamente** - untröstlich

# 23 COMO UNA SOMBRA

—¡Enhorabuena, Javier! El festival ha sido todo un **éxito**[1]. Sabes que Laura estaría **orgullosa**[2] de ti.

—Gracias, Juan, lo sé. Ella ha inspirado todo mi trabajo estos días. He pensado en ella cada minuto. La **echo** tanto **de menos**[3].

—Venga, hombre, disfruta tu éxito. La vida **sigue**[4]. Piensa que ella está a tu lado. Su sombra te acompaña y te protege. ¿Quieres que te lleve a casa?

—No, gracias, Juan, prefiero caminar. Me encanta pasear por la ciudad de noche. Además, en Segovia nada está lejos.

—Hasta mañana, Javier. Y enhorabuena otra vez.

—Hasta mañana, Juan. Buenas noches.

la luna llena
der Vollmond

Un año más lo hemos conseguido y ya son nueve ediciones. Parecía increíble cuando empezamos: crear un festival de cine europeo en una ciudad de apenas cincuenta mil habitantes y, sin embargo, **MUCES**[5] este año ha proyectado más de cien películas. Claro, no es un festival tan conocido como el de San Sebastián o la SEMINCI de Valladolid, pero ocupa un lugar destacado entre los festivales españoles. Desde luego, el éxito se lo debemos **en gran medida**[6] al público. Es increíble cómo les gusta el cine a los españoles. **A pesar de**[7] la crisis y del precio de las entradas, la gente sigue yendo al cine.

Pero, sobre todo, el éxito le corresponde a Laura. Ella fue el alma del proyecto. Hace más de diez años soñó con acercar el buen cine a los segovianos. Ella viajó por toda Europa, contactó con directores, actores, productores, presentó su idea a los políticos locales... y con poco dinero y mucho entusiasmo consiguió organizar el festival. Después llegaron las siguientes ediciones y también la enfermedad. A Laura este contratiempo, como ella decía, no la paró. Siguió trabajando a pesar del **tratamiento**[8]. No obstante, cuanto más crecía el certamen, más se extendía dentro de ella el **maldito**[9] cáncer que hace nueve meses finalmente se la llevó. Al tiempo que yo perdía a mi compañera, el festival perdió su alma. ¿Qué iba a ser de nosotros, los dos **huérfanos**[10] de Laura? Como dice Juan, la vida sigue. Estaba claro que yo tenía que continuar su proyecto. Esta ha sido la edición número nueve y, quizá, la mejor de todas. Ahora sé que su cuerpo nos dejó, pero su espíritu no nos abandonó nunca, ni a mí ni al festival. Estoy muy satisfecho y esta noche la noto muy cerca.

¡Qué bien me sienta caminar por esta ciudad! Segovia está llena de historia, de su historia y de nuestra historia. En ella, las piedras hablan de un pasado noble y milenario. Paseando por sus calles **estrechas**[11], **sinuosas**[12] y, a estas horas, oscuras y silenciosas, veo la armonía de sus

1 **el éxito** – der Erfolg
2 **orgulloso (Adj.)** – stolz
3 **echar de menos** – vermissen
4 **seguir** – weitergehen
5 **MUCES** – (Muestra de Cine Europeo Ciudad de Segovia) Segovia Filmfestival
6 **en gran medida** – weitgehend
7 **a pesar de** – trotz
8 **el tratamiento** – die Behandlung
9 **maldito (Adj.)** – verflucht
10 **el huérfano** – die Waise, (hier:) schutzlos
11 **estrecho (Adj.)** – eng
12 **sinuoso (Adj.)** – geschlängelt

edificios. En el centro de ese conjunto **se eleva** la imponente catedral del siglo XVI. Desde la Plaza Mayor admiro sus pináculos y su campanario, enorme torre-vigía que guarda bajo su sombra a los segovianos. Cuentan también las piedras de Segovia que aquí conocí a Laura, en sus **rincones**[14] nos besamos y por estos callejones paseamos abrazados en los atardeceres de verano. También fue en esta ciudad donde construimos nuestra casa, un poco más allá del Acueducto, y donde vivimos nuestros

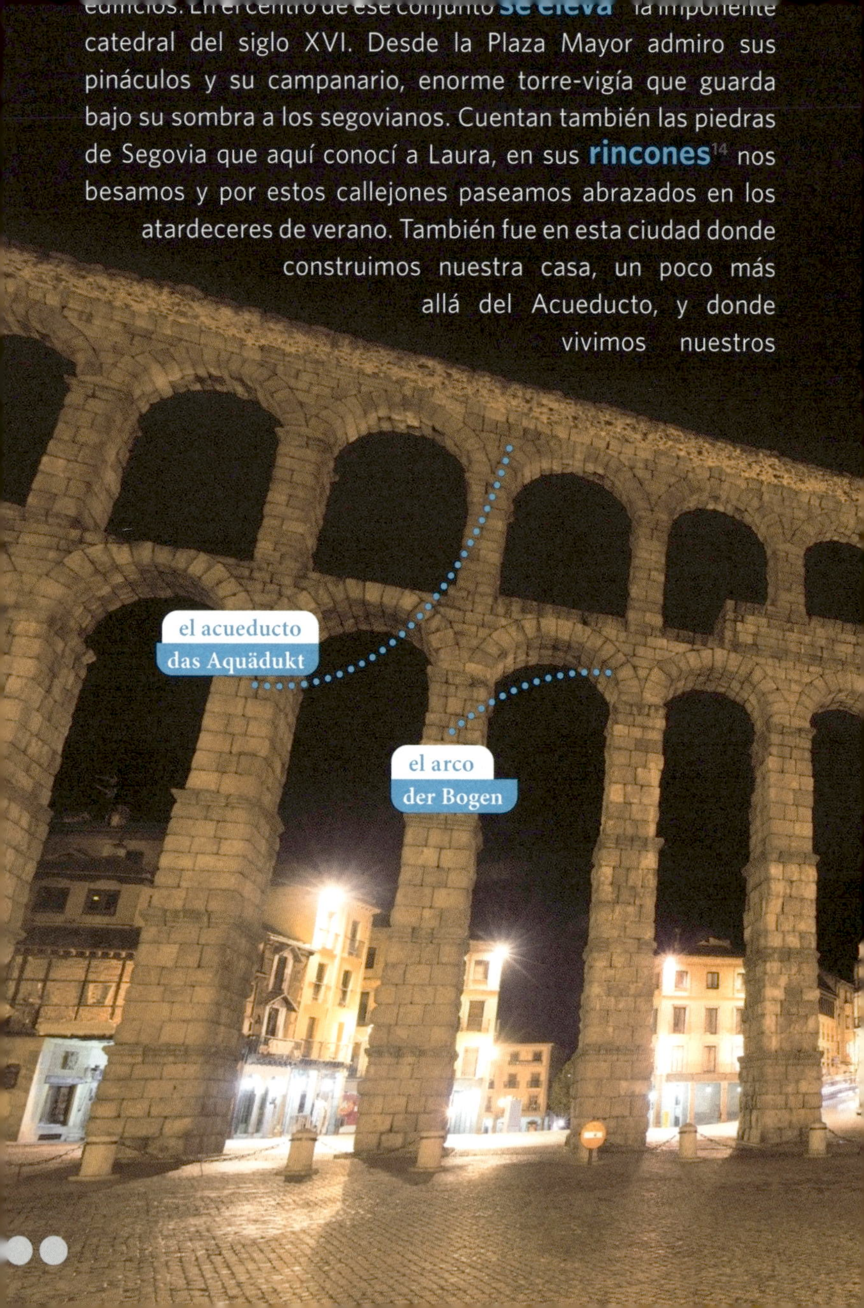

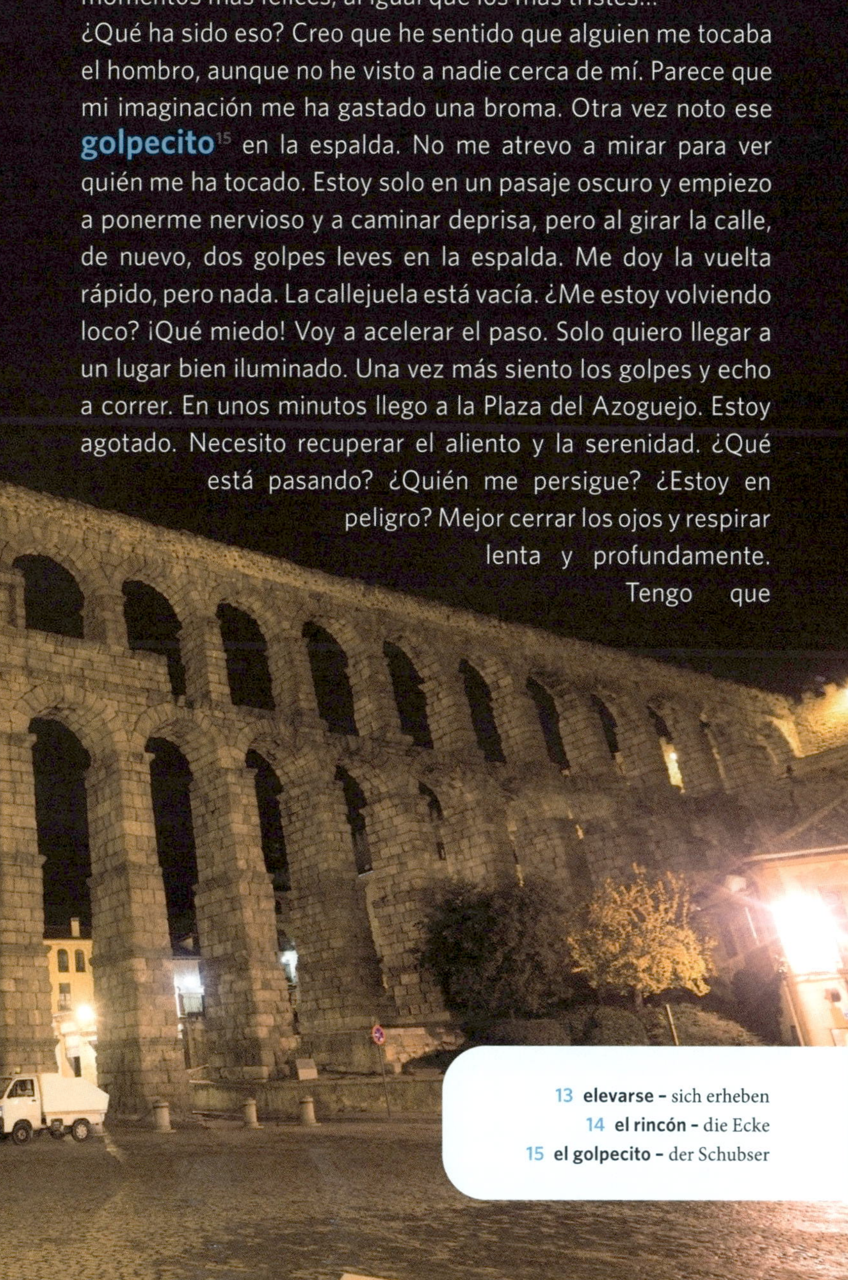

momentos más felices, al igual que los más tristes...

¿Qué ha sido eso? Creo que he sentido que alguien me tocaba el hombro, aunque no he visto a nadie cerca de mí. Parece que mi imaginación me ha gastado una broma. Otra vez noto ese **golpecito**[15] en la espalda. No me atrevo a mirar para ver quién me ha tocado. Estoy solo en un pasaje oscuro y empiezo a ponerme nervioso y a caminar deprisa, pero al girar la calle, de nuevo, dos golpes leves en la espalda. Me doy la vuelta rápido, pero nada. La callejuela está vacía. ¿Me estoy volviendo loco? ¡Qué miedo! Voy a acelerar el paso. Solo quiero llegar a un lugar bien iluminado. Una vez más siento los golpes y echo a correr. En unos minutos llego a la Plaza del Azoguejo. Estoy agotado. Necesito recuperar el aliento y la serenidad. ¿Qué está pasando? ¿Quién me persigue? ¿Estoy en peligro? Mejor cerrar los ojos y respirar lenta y profundamente. Tengo que

13 **elevarse –** sich erheben
14 **el rincón –** die Ecke
15 **el golpecito –** der Schubser

dominar el miedo para pensar. A mi alrededor la plaza está absolutamente vacía. Delante de mí veo el Acueducto. Es realmente la construcción romana más impresionante de la Península. Miles de piedras colocadas sin cemento ni **argamasa**[16], levantando **esbeltos**[17] arcos. Parece un milagro que siga en pie después de más de dos mil años. Admirar el monumento parece que me ha tranquilizado. Empiezo a caminar despacio. Paso por debajo de sus arcos y, otra vez, el golpecillo en la espalda. Ya solo me quedan unos metros para llegar a casa. Tengo que controlarme. Siento de nuevo los golpes y oigo un ruido. Sin dejar de mirar a mi alrededor avanzo rápido hasta mi casa.

Cuando llego al edificio, todavía con la cabeza girada hacia atrás, me golpeo con la puerta. ¿Pero dónde están las llaves? No las encuentro. Aquí están... en el bolso de la americana que llevo en la mano. Intento abrir y no lo consigo. Me falta luz, miro constantemente a la calle y la mano no encuentra la cerradura. Por fin abro, entro en la casa y doy un **portazo** detrás de mí. Enciendo la luz del **vestíbulo**[18] y me miro en el espejo. Mi aspecto es **lamentable**[19]. Ante mí veo un hombre **sudoroso**[20], **despeinado**[21], cansado, asustado, y con la corbata completamente girada hacia atrás. Me quedo pensativo. Camino unos pasos y siento cómo la corbata golpea levemente mi espalda. No me lo puedo creer. Así que este ha sido todo el misterio, ¡la corbata golpeando mi espalda! Me parece tan ridículo que suelto una **carcajada**[22] y me pongo colorado de pura **vergüenza**[23]. Mientras me río, una voz me **susurra**[24] al oído: «Querido, ¿por qué tienes miedo si sabes que yo siempre te acompaño y te protejo?»

16 **la argamasa** – der Kalkmörtel
17 **esbelto (Adj.)** – schlank
18 **el vestíbulo** – der Flur
19 **lamentable (Adj.)** – elend
20 **sudoroso (Adj.)** – schwitzend
21 **despeinado (Adj.)** – zerzaust
22 **la carcajada** – das Gelächter
23 **la vergüenza** – die Peinlichkeit
24 **susurrar** – flüstern

# 24 OPERACIÓN TORTILLA

Cada año, durante las fiestas de agosto, se celebra en La Alberca, provincia de Salamanca, el **concurso**[1] de tortilla española más famoso de la **comarca**[2]. Aunque el pueblo es conocido por sus **embutidos** ibéricos, la fama del concurso viene de la gran variedad de tortillas que allí se presentan: con patatas y pimientos, con patatas y **calabacín**, con patatas y atún... *El Día de la Tortilla* se reúnen en La Alberca hasta doscientas tortillas con formas y sabores diversos. Sin embargo, para ser justos, hemos de decir que la fama del concurso también se debe a un hecho curioso: desde que empezó a concursar hace cinco años, la tortilla de Doña Carmen ha ganado todas las ediciones del Día de la Tortilla. ¿Cuál es el secreto de Doña Carmen? Nadie lo sabe. Su tortilla siempre es **sencilla**[3] o, al menos, eso parece. Solo lleva patatas, huevos, cebolla y sal. Pero su olor, su textura y su sabor son cada año los favoritos del **jurado**[4].



A Doña Carmen le gusta saber que su tortilla es buena, pero para ella el premio no tiene mucha importancia. Es una persona discreta que solo desea vivir tranquila. Esta mujer de sesenta y tres años llegó a La Alberca cuando se casó. Allí nacieron sus tres hijos y allí trabaja todavía en la **charcutería**[5] de la familia. Fueron precisamente sus hijos los que la inscribieron en el concurso. Ellos sabían muy bien que su tortilla era extraordinaria. De niños esperaban con ganas el domingo porque ese día, después de la misa, comían tortilla de patatas, una tradición que mantienen todavía.

Aunque a Doña Carmen no le interesa la fama, desde que empezó a ganar el concurso **ha crecido**[6] el número de clientes en su negocio. Ella no lo entiende. En su comercio vende carne, queso y **especias** (die Gewürze), pero no vende tortilla. Sin embargo, la gente, curiosa, visita la tienda, la felicita por sus premios y algunos se hacen fotos con ella. Muchos quieren comprar el **condimento** (das Gewürz (= die Gewürzmischung)) *especial* que lleva su tortilla. Doña Carmen sonríe, pero no dice nada. Está cansada de explicar que no tiene una fórmula secreta. Lo ha repetido muchas veces, pero nadie lo cree. Y las que menos lo creen son sus propias vecinas.

Pilar, Pepa y Manuela, sus vecinas, conocen a Doña Carmen desde que llegó al pueblo. Viven cerca de su casa y compran en su charcutería a diario. Sin embargo, las tres

1 **el concurso** - der Wettbewerb
2 **la comarca** - der Landkreis
3 **sencillo (Adj.)** - einfach
4 **el jurado** - die Jury
5 **la charcutería** - die Metzgerei
6 **crecer** - wachsen

mujeres nunca han sido verdaderas amigas de Doña Carmen. Sienten demasiada envidia por el éxito de su tortilla. Su mayor deseo es descubrir la receta de la charcutera. Doña Carmen sabe que a sus vecinas solo les interesa su tortilla, pero siempre las trata bien y habla con ellas amablemente.

A pesar de usar tácticas diversas, las tres mujeres envidiosas nunca han conseguido su objetivo. Como se acerca de nuevo el concurso han decidido probar la estrategia definitiva: entrar en la cocina de Doña Carmen, **esconderse** [7] y observarla

Die arabische Herrschaft in der Region hat ihre sprachlichen Spuren hinterlassen. **La Alberca** ist zusammengesetzt aus dem arabischen Artikel **al** und dem arabischen Wort **berka (der See).**

mientras prepara la tortilla. El domingo es el día elegido para poner en práctica su plan. Saben que ese día, por tradición, es el día de la tortilla en casa de Doña Carmen y que ella la prepara a las doce, cuando cierra la tienda y toda su familia está en la iglesia.

El domingo por la mañana Pilar, Pepa y Manuela van juntas a comprar a la charcutería. Mientras Pilar y Manuela **distraen**[8] a Doña Carmen, Pepa agarra la **llave**[9] de su casa, que está colgada en un **clavo**[10] de la pared. Después, las tres se

**La Alberca** liegt in der Provinz **Salamanca** in der Region **Castilla y León**.

7 **esconderse** - sich verstecken
8 **distraer** - ablenken
9 **la llave** - der Schlüssel
10 **el clavo** - der Nagel

despiden y salen de la tienda. A pocos metros está la casa de la charcutera. Pepa abre la puerta, le da la llave a Pilar y entra. Pilar y Manuela regresan a la tienda, le dicen a Doña Carmen que quieren comprar algo más y colocan discretamente la llave otra vez en su sitio. Pepa ya solo tiene que encontrar un lugar para esconderse y observar. En la cocina ve un armario con dos puertas, en un lado están los útiles de limpieza y el otro lado está lleno de **toallas**. A Doña Carmen le encantan las toallas. Tiene tantas que las **guarda**[11] en los armarios y **cajones**[12] de toda la casa. Pepa se coloca encima de la torre de toallas, cierra la puerta del armario y se prepara para esperar. Son las once. Pilar y Manuela, según el plan, vigilan desde el exterior. Como es pronto, las dos mujeres pasean por el parque. Cuando miran el reloj ya es la una. Deciden ir a comer con sus familias y esperar noticias de Pepa. Mientras tanto, en la cocina de Doña Carmen, Pepa, acomodada en el armario, **aguarda**[13] paciente la llegada de la mujer, pero la espera es tan aburrida y su espacio entre las toallas es tan agradable y caliente que se queda dormida.

De repente, Pepa oye mucho ruido en la casa y abre los ojos. Todo está oscuro. **Aturdida**[14] todavía por el sueño, intenta moverse. Le duele todo el cuerpo. ¿Cuántas horas lleva en el armario? ¿Quién está en la casa? ¿Qué ha pasado con la tortilla? Empieza a tener miedo y no sabe qué hacer. Las voces cada vez se oyen más cerca. Alguien ha encendido la luz de la cocina. Pepa escucha pasos que se acercan al armario y, finalmente, «¡¡ahhhhhhhh!!», un **grito**[15] suena por toda la casa. Un segundo después se oye un **golpe**[16] seco en el **suelo**[17]. Toda la familia de Doña Carmen corre a la cocina y mira con asombro la escena. Al abrir el armario, Doña Carmen se ha dado un susto y ha gritado. Pepa, asustada también, se ha caído al suelo. Desde fuera de la casa, Pilar y Manuela, que han ido a buscar a Pepa, escuchan el grito y el golpe. Con mucha curiosidad llaman a la puerta. El hijo de Doña Carmen abre y las dos mujeres entran sin decir ni una palabra. Van a la cocina y contemplan lo ocurrido. Lentamente Pepa se levanta del suelo muy colorada. Pilar y Manuela se acercan a ella y entre las tres cuentan toda la verdad. Se disculpan por espiar a Doña Carmen y por buscar su receta. Ella las perdona y las invita a sentarse en el salón junto con el resto de la familia. Cuando todos están más tranquilos, Doña Carmen explica que ese domingo no hizo tortilla porque comieron en un restaurante. Las vecinas se sienten tan ridículas que solo miran al suelo. Para animarlas, Doña Carmen las invita a preparar con ella tortilla para cenar. A pesar de la vergüenza, las tres mujeres la acompañan a la cocina.

Finalmente, Pepa, Manuela y Pilar comprueban que la tortilla de Doña Carmen no tiene más secreto que el talento de la cocinera. Bueno, un pequeño secreto sí existe, pero para las vecinas pasa inadvertido: ¡el punto exacto de sal! Doña Carmen sabe que ese detalle marca la diferencia, pero ella sonríe y no dice nada.

11 **guardar** - aufbewahren
12 **el cajón** - die Schublade
13 **aguardar** - warten, abwarten
14 **aturdido (Adj.)** - bestürzt
15 **el grito** - der Schrei
16 **el golpe** - der Stoß
17 **el suelo** - der Boden

# Una tortilla española ...

... ist ein Omelett, das aus Eiern, Kartoffeln und Zwiebeln besteht.

La tortilla ist in ganz Spanien bekannt. Wer zu faul zum Zubereiten ist, kann sie dort auch abgepackt im Supermarkt kaufen.

**el plato nacional**

das Nationalgericht

**redondo**

rund

## Una receta muy simple

In die klassische **Tortilla** gehören nur wenige Zutaten. Hier ein ganz einfaches Rezept für 4 Personen zum Nachkochen.

**4x** schälen und würfeln.

la patata
die Kartoffel

**2x** schälen und würfeln.

la cebolla
die Zwiebel

el aceite de oliva
das Olivenöl

la sartén
die Pfanne

**Reichlich Olivenöl in einer Pfanne erhitzen und die Kartoffeln + Zwiebeln dazugeben. Mit Salz würzen und anbraten.**

el huevo
das Ei

**8x** in einer großen Schüssel verquirlen.

Kartoffeln und Zwiebeln dazugeben, durchmischen, wieder in die Pfanne geben und stocken lassen.

**Wenn die Tortilla fest genug ist, wenden und die andere Seite anbraten – fertig!**

# 25 NOCHE DE PERROS

Por fin ha llegado el *día X*. Jonás y Roberto entran juntos en el turno de noche del museo. Las puertas de El Prado cierran al público a las ocho de la tarde y el servicio de limpieza comienza su trabajo una hora después. Los dos limpiadores han preparado el **golpe**[1] durante meses. O, mejor dicho, ellos solo han aprendido su **cometido**[2] porque el **cerebro**[3] de la operación es Martín. Él sí que es un ladrón profesional. Tiene buenos contactos entre los coleccionistas de arte y no le faltan **encargos**[4], unos legales, otros no tanto... Esta vez ha sido un millonario chino quien ha solicitado sus servicios. El asiático tiene un **capricho**[5] extravagante, típico de nuevo rico: unir a su colección la **obra**[6] *Perro* **semihundido**[7] de Goya.

La primera vez que Martín oyó su deseo, pensó que aquel hombre estaba loco e intentó **convencerle**[8] de que era una misión imposible. Sin embargo, la palabra *imposible* no existe para una persona con tanto éxito en los negocios. Por eso, la segunda vez que el chino visitó a Martín, le mostró una copia exacta del cuadro de Goya y le explicó que

el trabajo no era precisamente un robo, sino un intercambio: la pintura original para él y la copia para el museo. Después de presentarle el plan, le ofreció diez millones de dólares por sus servicios. Ante tan buenos argumentos Martín aceptó el encargo y organizó el golpe. Durante semanas visitó el bar donde toman café a diario los empleados de la empresa de limpieza de El Prado. Así fue como conoció a Jonás y Roberto, dos compañeros y amigos con muchas dificultades para pagar la hipoteca del piso, y les convenció para colaborar en el ***proyecto***.

Los empleados, como cada noche, entran al museo por una puerta lateral. Jonás y Roberto están tranquilos por fuera y nerviosos por dentro. La copia del cuadro ya la tienen desde hace unos días dentro de una caja de **detergentes**. Intentan actuar con naturalidad y, como siempre, saludan a sus colegas y charlan un rato hasta que el jefe del grupo reparte el trabajo: Jonás tiene que limpiar la planta primera del edificio principal y Roberto la parte nueva del museo. ¡Qué mala suerte! Esta vez trabajan separados y lejos de las salas de Goya. Su única opción es seguir el plan B: limpiar muy despacio, terminar los últimos su trabajo y reunirse a las dos de la mañana en la sala 34, donde está la pintura.

1 **el golpe** – der Schlag/Stoß (hier:) der Überfall
2 **el cometido** – die Aufgabe, die Pflicht
3 **el cerebro** – das Gehirn, (hier:) der Kopf
4 **el encargo** – der Auftrag
5 **el capricho** – die Laune
6 **la obra** – das Werk
7 **semihundido (Adj.)** – halbversenkt
8 **convencer** – überzeugen

Jonás hace un gesto de ánimo a su cómplice y Roberto le responde con un **guiño**[9]. Ambos están contentos: confían en Martín, saben que él lo tiene todo controlado, han practicado muchas veces el cambio de los **lienzos**[10] en su casa y, sobre todo, después de esta noche ya no volverán a tener problemas económicos. Mientras Roberto **se aleja**[11] hacia el edificio nuevo, Jonás **empuja**[12] el carro de limpieza y sube con su compañera de turno a la primera planta. Por suerte, esta noche su colega tiene dolor de cabeza y se siente mal. Jonás le propone irse antes a casa. Él puede terminar la limpieza sin **prisa**[13]. Su compañera se marcha agradecida y Jonás se queda solo. **Barre**[14] despacio la sala 12. Hay poca luz y mucho silencio. Levanta los ojos del suelo y ve las pinturas que le rodean. Son cuadros de Velázquez. Normalmente, concentrado en su trabajo, no **se fija**[15] en ellos, pero hoy es diferente. En el centro de la sala están *Las Meninas*. Es un cuadro muy realista y Jonás tiene la extraña sesación de que los personajes lo miran, sobre todo, el perro que está a la derecha. Jonás, un poco asustado, sigue barriendo, pero unos minutos después vuelve a mirar al perro. Ahora tiene la impresión de que está vivo y sus ojos le **amenazan**[16]. Parece que el perro de Velázquez conoce el plan de esta noche y quiere defender a su compañero, el perro de Goya. De repente, a Jonás le invade el pánico y sale deprisa de la sala. Quiere escapar de aquella mirada. Empuja rápido los útiles de limpieza, pero en cada sala siente que los ojos de las pinturas le dirigen miradas de **reproche**[17]. Toma el ascensor para bajar al almacén, allí deja su carro, se sienta, **respira hondo**[18] y se tranquiliza. Un poco antes de las dos saca la copia de la obra de Goya de su escondite y va a la sala 34 para encontrarse con Roberto. Su compañero ya le está esperando. Jonás le cuenta lo que ha ocurrido y Roberto **se burla**[19] de la historia y del miedo de Jonás. La risa los relaja y unos minutos después llaman a Martín, que ya ha entrado en el sistema informático del museo para desactivar las alarmas durante la operación. Ya está todo preparado. Roberto y Jonás se acercan al *Perro semihundido* que parece pedirles ayuda: «¡Por favor, me hundo, quiero salir de aquí!». Animados por este pensamiento, decuelgan el cuadro y empiezan a **desmontarlo**[20]. Ya lo tienen en la mano cuando Jonás descubre que a su lado hay una cabeza con la boca llena de sangre, comiendo un cuerpo humano. **Espantado**,[21] da un grito, salta encima de Roberto y los dos pierden el equilibrio. Al caer, Roberto también ve caras y cuerpos de muertos que se acercan a él **desafiantes**...[22] Ahora son los dos amigos los que **gritan a pleno pulmón**[23], abrazados y agachados para protegerse. Las voces **retumban**[24] por todo el museo y los vigilantes de seguridad corren a la sala 34. Inmediatamente encienden las luces y contemplan la escena: el *Perro semihundido* tirado en el suelo junto a la copia y los dos hombres horrorizados, mirando a su alrededor. En las paredes de la sala están colgadas las Pinturas Negras de Goya: *Saturno devorando a un hijo*, *Dos viejos comiendo sopa*, *El Aquelarre*, *La Romería de San Isidro*... Ellas han evitado el robo y han conseguido salvar el Perro... Bueno, solo han salvado la pintura porque el perro seguirá **hundiéndose**[25] para siempre.

9 **el guiño** - das Zwinkern
10 **el lienzo** - die Malerleinwand
11 **alejarse** - weggehen
12 **empujar** - vorwärtsschieben
13 **la prisa** - die Eile
14 **barrer** - kehren
15 **fijarse en** - auf etwas achten
16 **amenazar** - drohen
17 **el reproche** - der Vorwurf
18 **respirar hondo** - durchatmen, tief einatmen
19 **burlarse** - sich lustig machen
20 **desmontar** - ausbauen
21 **espantado (Adj.)** - erschrocken
22 **desafiante (Adj.)** - trotzig
23 **gritar** - aufschreien
24 **retumbar** - widerhallen
25 **hundirse** - versinken

# 26 BUSCANDO A DALÍ

Cuando Mary restauró el cuadro de los **«relojes blandos»**[1] de Dalí en el MOMA supo que algún día iba a viajar a Cataluña para conocer aquel paisaje. Sentía una atracción **irresistible**[2] por los colores y la luz de la Costa Brava y, sobre todo, quería volver a ver a Jordi. Aquel catalán, experto en la obra de Dalí, fue su maestro, amigo y amante durante el tiempo que vivió en Nueva York. Pero un día se marchó, regresó a Cadaqués, su **tierra natal**[3], y, aunque al principio se escribían, después perdieron el contacto.

El avión acaba de **aterrizar**[4] en el aeropuerto del Prat, en Barcelona. Mary, cansada por el jet lag, pero feliz por poder cumplir su sueño, recoge la maleta y el coche de alquiler e inicia su viaje hacia el mundo de Dalí. Solo va a pasar una semana en España y en esos días se ha **propuesto**[5] tres **objetivos**: visitar el Museo Dalí en Figueras, ver la Costa Brava y buscar a Jordi en Cadaqués.

Han pasado casi veinte años y Mary ya no es la joven bonita que conoció Jordi. Sigue siendo alta y delgada, pero se ha convertido en una mujer madura, elegante y con aire intelectual. A sus cincuenta y seis años es atractiva tanto por su aspecto físico, como por la personalidad que expresan sus gestos, su mirada y sus movimientos.

Comienza su ruta y, aunque al principio no es fácil encontrar la carretera en el nudo de autopistas de la ciudad, finalmente, con las señales y las indicaciones de la gente, llega en pocas horas a Figueras. Es cierto que no sabe catalán, pero para ella hablar

die ‚weichen Uhren'

español es algo cotidiano, no solo porque lo aprendió en el Instituto Cervantes de Nueva York, sino porque lo habla todos los días con sus vecinas mexicanas y puertorriqueñas. Quizá es por esta razón por la que desde que llegó a España se siente *como en casa*.

Mary pasa los dos primeros días en Figueras y la sensación de estar en un ambiente familiar, donde se siente a gusto y feliz, es cada vez más fuerte. Por fin cumple el sueño de visitar el Teatro-Museo Dalí y **comprueba**[6] que el artista era tan genial como excéntrico. Lo que más la impresiona es el amor con el que Dalí representa en sus obras a Gala, su musa y esposa. «Debía de quererla mucho», piensa Mary, a la vez que **se entristece**[7] porque a ella ningún hombre la ha querido así. El tercer día la americana sigue su viaje hasta Cadaqués. Por fin ha llegado a la costa. Después de pasear unas horas por la playa, se dirige al pueblo. Cadaqués es una reluciente **mancha**[8] blanca entre el azul del mar y del cielo. A Mary le encanta ese ambiente. Se sienta en una terraza, toma un café mientras lee un periódico local. En la página de cultura encuentra un artículo sobre Dalí y Gala

**El artículo sobre Dalí y Gala trata sobre la extraña relación que mantuvo la pareja.**

1 **"La persistencia de la memoria", Salvador Dalí, 1931, MOMA, New York.**
2 **irresistible (Adj.) –** unwiderstehlich
3 **la tierra natal –** die Heimat
4 **aterrizar –** landen
5 **proponerse un objetivo –** sich ein Ziel setzen
6 **comprobar –** feststellen
7 **entristecerse –** traurig werden
8 **la mancha –** der Fleck

y no puede evitar leerlo. Trata sobre la extraña relación que mantuvo la pareja. Mary se sorprende por la historia del **periódico**, pero lo que más le llama la atención es que el texto está firmado por J. Solé, el apellido de su antiguo amigo. Como la dirección de e-mail está al lado del nombre, Mary conecta su móvil y escribe un breve mensaje, presentándose y preguntando si es Jordi el autor del artículo. Media hora después recibe una breve y misteriosa respuesta: «La espero mañana a las doce en el bar del Puerto».

Al día siguiente Mary, nerviosa, camina hasta el puerto y se sienta en una mesa a la puerta del local unos minutos antes de la hora prevista. Cuando la **campana** de la Iglesia anuncia el mediodía, Mary sigue siendo la única cliente del bar. Parece que a esas horas los turistas duermen o están en la playa y la gente del pueblo trabaja. Pasan quince minutos y empieza a pensar que el autor del artículo no va a aparecer. De pronto, alguien toca su hombro y la llama por su nombre. Mary gira la cabeza y ve una mujer de unos sesenta años, sonriente, que la saluda calurosamente:

die Glocke

—¡Hola, Mary! Soy Joana Solé, la hermana de Jordi y autora del artículo. Encantada de conocerte. Jordi me habló de ti cuando volvió de Estados Unidos. Fuiste una persona muy especial para él, por eso, cuando ayer me enviaste el e-mail, quise conocerte personalmente. Él vive en Dinamarca desde hace doce años, allí tiene su familia y su trabajo. A veces lo visito, pero él casi nunca viene aquí.

Mary está fascinada por aquella mujer. Nunca antes se habían visto, pero le habla con la **confianza**[9] de una hermana. Se da cuenta de que el calor de España no viene solo del sol, sino, sobre todo, de su gente. Siente un calor humano que en Nueva York raramente ha experimentado. Las dos mujeres charlan durante horas como viejas amigas. Joana le cuenta a Mary que había sido **catedrática**[10] de historia del arte, que está divorciada y que no tiene

9 **la confianza** – die Vertraulichkeit
10 **la catedrática** – die Professorin

hijos. Mary le dice que ella está soltera porque nunca se decidió a casarse. Siempre había pensado que con una familia iba a perder su libertad. Ahora, sin embargo, se siente un poco sola, pero ya es demasiado tarde. Joana reconoce que también siente esa soledad. Además, ella, cansada de su trabajo universitario, ha dejado las aulas al cumplir los sesenta y en la actualidad solo se dedica a escribir. Por eso ha publicado el artículo sobre Dalí y Gala en el periódico. Al hablar del artista, Mary le cuenta a Joana que le sorprendió la información del artículo. Siempre tuvo la impresión de que la pareja tenía una relación admirable y que se amaban. Joana se ríe y le explica:

—Es cierto que se querían a su manera, pero no era la convencional. Gala se enamoró de Dalí desde que lo conoció y dejó a su familia por él. Era una mujer muy fuerte y convirtió a Dalí en un artista de fama internacional. Él la admiraba, era su musa, pero por su carácter narcisista podemos pensar que la necesitaba como a una madre. De hecho, cada uno tenía su residencia y su vida privada. **No obstante**[11], como te he dicho, siempre estuvieron juntos y cuando murió Gala, diez años mayor que Dalí, el artista perdió las ganas de vivir.

Casi es de noche cuando se despiden las dos mujeres. En su hotel Mary no puede dormir, pensando en su nueva amiga y en el amor *no convencional* de Dalí y Gala. A la mañana siguiente coge su coche y conduce por la carretera de la costa sin parar durante horas. Quiere estar sola y sentir el sol, el viento y el mar. Por primera vez en su vida, lejos del cemento y del ruido de la ciudad, se siente viva. Por primera vez prefiere sentir que pensar. Por primera vez experimenta una nueva sensación: ella tampoco quiere ser convencional. Aunque hasta entonces Mary era una mujer independiente, con su trabajo, su casa y su deseada libertad, mirando al mar comprende que ya no le interesa el éxito laboral y que defender su libertad la ha llevado a la soledad. Se da cuenta de que lo que de verdad la hace feliz son cosas sencillas como admirar ese paisaje, disfrutar del sol, tomar un buen vino, mantener una conversación interesante... Sus vacaciones están llegando a su fin, su avión hacia Nueva York sale en veinticuatro horas. Mary toma su teléfono y marca el número de Joana. Su amiga le dice que lleva esperando su llamada todo el día. Mary no quiere hablar mucho, tan solo le pide que se vean al día siguiente temprano en el mismo bar del puerto.

Cuando se encuentran por la mañana las dos amigas se **abrazan**[12] y enseguida Mary le cuenta a Joana sus **intenciones**[13]:

—Este viaje me ha cambiado. Yo vine aquí para buscar a Dalí y a Jordi, es verdad. Pero en esa búsqueda me he encontrado a mí misma y también te he encontrado a ti. La comunicación y la confianza que desde el primer momento existe entre nosotras no la conocía antes. En esta tierra he descubierto lo que me gusta de la vida y cómo quiero vivir en el futuro. Por eso he decidido no volver a Nueva York. Voy a vender mi piso allí y con el dinero voy a empezar mi vida en este lugar del mundo. Me quedo en Cadaqués, Joana.

—Desde que recibí tu e-mail supe que buscabas algo... ¿Qué puedo decirte? Mi casa es grande. Si quieres, también puede ser tu casa —responde Joana.

Las dos mujeres brindan por el futuro. Tranquilas toman su café y charlan sin prisa. Tienen toda la vida por delante para **compartir**[14].

11 **no obstante -** dennoch
12 **abrazarse -** sich umarmen
13 **la intención -** die Absicht
14 **compartir -** teilen

# 27 UN GOLPE DE SUERTE

Cada mañana Andrés y Juan se encontraban en la plaza del pueblo para comenzar su trabajo. Andrés, el **albañil** de Boal, llegaba con su **camioneta**[1] a las ocho en punto para recoger a Juan, su **aprendiz**[2].

Allí, en el interior de la montaña asturiana, no se construían muchas casas nuevas, pero siempre había reparaciones que hacer en las viejas y a Andrés no le faltaba trabajo. Por eso pudo contratar a Juan cuando el padre del chico se lo pidió. El joven tenía diecisiete años y ya no iba a la escuela. El maestro del pueblo decía que era inteligente y que podía estudiar, pero su padre estaba enfermo y la familia necesitaba más **ingresos**[3]. Así, Juan aceptó sin protestas comenzar su formación de albañil. Además, el trabajo en la construcción le gustaba. Era creativo y entretenido. Todos los días iba contento a aprender el **oficio**[4] con Andrés.

Una mañana de julio, cuando Juan subió a la camioneta, Andrés le dijo muy emocionado que ese día iban a empezar la reforma de la *Casa del* **Indiano**[5]. Desde que era niño, Juan veía a diario esa casona azulada en la parte más alta del pueblo. Había oído que estaba **embrujada**[6], pero no conocía su historia real. Andrés se la contó durante el viaje.

La casa estaba cerrada desde la muerte de su dueño hacía más de cuarenta años. Alfonso Brañas, llamado *el Indiano*, emigró a Cuba en 1910 huyendo de la pobreza que se extendía por la zona. Tuvo éxito con sus negocios en la isla y para mostrar su buena fortuna a la gente de Boal mandó construir un palacete. Él visitaba el pueblo cada verano. Siempre llegaba en un automóvil de lujo y acompañado por alguna mujer de exótica belleza cubana. Tuvo muchas compañeras, pero nunca se casó ni tuvo hijos. En 1959, tras el triunfo de la Revolución Cubana, Alfonso decidió trasladarse definitivamente a su casona de Boal. Tenía sesenta y nueve años y prefería la dictadura de Franco al comunismo de Castro. El viejo Indiano vivió sus últimos años solitario y demente. En ese tiempo se decía en el pueblo que Alfonso guardaba un secreto. Contaban que en su locura el hombre hablaba a todo el mundo del oro que escondía. Después de su muerte y como no había **herederos**[7], el ayuntamiento mandó registrar la casa para buscar riquezas o documentos de valor, pero no se encontró nada. Sin embargo, la gente empezó a hablar sobre el **embrujo**[8] de la casa: quien entraba en ella, se volvía loco y moría. Durante cuatro décadas la casona estuvo cerrada. Nadie quiso comprarla ni vivir en

1 **la camioneta –** das Lastauto
2 **el/la aprendiz/a –** der/ die Auszubildende
3 **los ingresos –** die Einkünfte
4 **el oficio –** der Beruf
5 **el indiano –** Person, die aus Amerika zurückkommt, nachdem sie reich wurde
6 **embrujado (Adj.) –** verwunschen
7 **el/la heredero, -a –** der Erbe, die Erbin
8 **el embrujo –** die Verzauberung

ella hasta que el **consistorio**[9] decidió convertirla en Museo de Indianos.

Esa era la tarea de Andrés y Juan: restaurar y adaptar la construcción a las necesidades de un museo. Aunque la historia del *embrujo* dejó pensativo a Juan, Andrés le animó, diciendo que solo era una leyenda. La casa con fachada azul tenía tres alturas y estaba rodeada por un jardín. En el interior, la planta baja tenía una cocina, un salón y un baño bastante moderno. En el piso siguiente había tres dormitorios, un baño con bañera y una salita con un **mirador acristalado**[10]. En el último piso estaba el desván lleno de ropas y muebles viejos. Tras visitar la casa, Andrés le explicó a Juan que, según el proyecto, tenían que tirar algunas paredes y hacer puertas más amplias para los visitantes del museo. Empezaron por el piso superior. Trabajaron durante horas para limpiar aquel espacio y después comenzaron a golpear puertas y **tabiques**[11]. Casi habían terminado con el **derribo**[12], cuando se dieron cuenta de que en una pared había algo extraño. Era una pared doble con un **hueco**[13] en el centro. Andrés y Juan la **golpearon**[14] hasta que entre algunos **ladrillos** descubrieron un saco amarillento. Los dos hombres estaban inquietos y sorprendidos. Con bastante miedo Juan agarró el saco y lo abrió. Dentro relucían ocho **lingotes de oro**. No podían creer lo que veían. Atónitos comenzaron a sacar el contenido del saco incluyendo un documento medio roto y donde todavía podía leerse "Fragata María Cristina. 1898".

der Mauerstein

die Goldbarren

Después de la sorpresa inicial y una vez que recuperaron la calma, se miraron con una sonrisa **picarona**[15] y, sin palabras, **juraron**[16] no contárselo jamás a nadie y no volver a hablar del tema.

En los meses siguientes continuaron con su labor y con su vida habitual. Un día, Juan le anunció a Andrés que quería cumplir su sueño: ser ingeniero. Pocas semanas más tarde el muchacho se marchó a Oviedo y con mucho **empeño**[17] se preparó para entrar en la Universidad. Andrés pensó que también para él había llegado el momento de actuar. Compró con los **ahorros**[18], como le explicó a María, su mujer, una casa junto al mar en Lastres, una pequeña población que siempre les había gustado, y la pareja dejó Boal para comenzar allí una vida más cómoda y más placentera. Desde entonces, cada año, los amigos se reunían en un día de julio para festejar. Sidra, marisco y **fabada** compañaban la celebración. Nunca hablaban de aquel golpe en la pared que cambió sus vidas, pero siempre **brindaban**[19], con una sonrisa picarona, por los sueños cumplidos. Su felicidad no había sido un golpe de suerte, sino de decisión.

ein Bohneneintopf nach asturianischer Art

9 **el consistorio** – das Rathaus
10 **el mirador** – der verglaste Balkon
11 **el tabique** – die Zwischenwand
12 **el derribo** – der Abbruch
13 **el hueco** – die Nische
14 **golpear** – zuschlagen
15 **picarón (Adj.)** – spitzbübisch
16 **jurar** – schwören
17 **el empeño** – das Streben, die Mühe
18 **los ahorros** – die Ersparnisse
19 **brindar** – anstoßen

# 28 AL FINAL DEL CAMINO

Ana y Elena contemplan felices la imponente silueta de la Catedral de Santiago desde el Monte del Gozo. Desde Jaca, a los pies de los Pirineos, hasta aquí, han caminado ochocientos cincuenta kilómetros en cuatro semanas. Las dos amigas han cumplido un sueño: hacer el Camino de Santiago antes de empezar los estudios en la Universidad. Recorrer a pie el norte de España ha sido una experiencia increíble y aún más conocer a tanta gente, especialmente a Mara y a Óscar, una pareja chilena que ya son sus nuevos amigos. Ellos también empezaron el Camino en Jaca y, por eso , la mayoría de las noches han dormido en los mismos **albergues**[1]. Son muy simpáticos, pero también un poco raros. Algunas noches cantan y bailan a la luz de la luna y además, llevan una **vieira** especial, decorada con una estrella amarilla.

El último día, Ana y Elena se levantan temprano y caminan con sus mochilas los cinco kilómetros que faltan hasta la Plaza del Obradoiro. Una hora después ya están delante de la fachada de la Catedral. Las dos amigas se abrazan muy contentas por haber terminado su aventura. Luego pasean por los alrededores y se encuentran otra vez con Mara y Óscar. Ellos, al igual que las amigas, también quieren asistir a la Misa del Peregrino y ver el espectáculo del **Botafumeiro**[2].

Los amigos chilenos van vestidos con una túnica blanca y llevan su **peculiar**[3] vieira colgada del



1 **el albergue** – die Herberge
2 **el Botafumeiro** – Weihrauchgefäß in der Kathedrale von Santiago de Compostela
3 **peculiar (Adj.)** – eigenartig

Am **Cabo de Finisterre**, dem Kap Finisterre (lat. finis terrae = Ende der Welt), befindet sich für viele Jakobspilger das eigentliche Ende des Jakobswegs, denn hier endet der **Camino a Fisterra**. Er wird häufig als der verlängerte Jakobsweg von Santiago de Compostela zum Kap Finisterre bezeichnet, gehört aber genaugenommen nicht zu den Jakobswegen, da er nicht Santiago de Compostela zum Ziel hat.

cuello. A Ana y a Elena les sorprende esta ropa, pero ya saben que sus amigos son un poco raros. Sin embargo, cuando las chicas entran en la Catedral se dan cuenta de que entre los miles de peregrinos que asisten a la misa hay algunos más vestidos de blanco y con el mismo símbolo que Mara y Óscar. Es cierto que son pocos y no están juntos, pero las jóvenes sospechan que aquello no es una **casualidad**[4]... Después de la celebración la pareja chilena se despide de Ana y Elena:
—Queridas niñas, para nosotros este no es el final, así que seguimos nuestro camino —dice Óscar, mientras Mara pone su mano sobre las cabezas de las muchachas.

**Asombradas**[5] por tanto misterio las dos amigas se despiden de sus compañeros de viaje. Cuando los chilenos se han marchado, Elena mira a su amiga:
—Vamos, Ana, tenemos que descubrir a dónde van y qué significa el símbolo de la vieira —y las dos corren en la misma dirección que sus amigos— ¡Nuestro camino tampoco ha terminado!
Al bajar la calle ven a la pareja y caminan detrás de ellos, **ocultándose**[6] entre los **peatones**[7]. Después de media hora las jóvenes **se dan cuenta de**[8] que ya han salido de la ciudad y han tomado una ruta a través de bosques y pequeños pueblos. Las chicas observan que no están solas en el camino. Muchos otros peregrinos, la mayoría vestidos de blanco, siguen esa ruta. Ellas no saben a dónde se **dirigen**[9]. Después de 20 kilómetros llegan a Negreira, el pueblo donde los caminantes van a pasar la noche. Deciden **alojarse**[10] cerca del hostal de los chilenos y comprar

4 **la casualidad** – der Zufall
5 **asombrado (Adj.)** – erstaunt
6 **ocultarse** – sich verstecken
7 **el/la peatón/-ona** – der/die Fußgänger/in
8 **darse cuenta de** – bemerken
9 **dirigirse** – laufen zu
10 **alojarse** – unterkommen

ropas blancas. Cenan en un pequeño restaurante y allí descubren que se encuentran en la ruta de Santiago a Finisterre, el cabo donde terminaba la tierra, según los celtas y los romanos. Caminan dos días más hasta la costa. En la última **jornada**[11] se dan cuenta de que en el camino ya sólo hay personas vestidas de blanco y observan que en piedras y árboles aparece el dibujo de la estrella. El sendero continúa por bosques cada vez más cerrados y oscuros. Las dos amigas saben que están solas y empiezan a sentir miedo. Pero ya no hay vuelta atrás. Quedan pocos kilómetros para llegar al destino, Finisterre, y descubrir el misterio de los peregrinos blancos.

Al atardecer llegan a la costa. En los alrededores del cabo hay unas cien personas que cantan y bailan con movimientos lentos. Ellas se unen al grupo imitando su baile mientras el sol se **pone**[12] en el horizonte. Cuando se hace de noche los bailarines caminan en dos filas hacia el bosque. Ana y Elena están **asustadas**[13], pero los siguen. Con **antorchas**[14] encendidas la procesión llega al interior del bosque. Se colocan en un círculo en torno a una piedra cubierta con **ramas**[15] y hierbas. El ritual continúa con música hasta que un hombre **destapa**[16] la piedra y pronuncia unas palabras:

—¡Apostol Santiago, venimos a adorarte a tu **tumba** verdadera!

¡Allí está la barca de piedra con los huesos del Apóstol! Las chicas conocían la leyenda, pero no la creían. Acaban de descubrir el secreto de la secta blanca. De pronto, un hombre a su lado las mira, se da cuenta de que no pertenecen al grupo y grita: «¡Aquí hay dos **intrusas**[17]! ¡A por ellas!». Ana y Elena corren. Los miembros de la secta las persiguen. Las chicas salen del bosque, cogen sus mochilas y bajan por las rocas del **acantilado**[18]. Sus perseguidores no pueden verlas.

Descubren una pequeña **cueva**[19] y allí se cambian de ropa y descansan.

Antes del amanecer salen de su **escondite**[20] y caminan hasta el pueblo más cercano. Cuando llegan, todavía muertas de miedo, esperan el primer autobús que va a Santiago. Una hora más tarde comienzan el viaje de regreso a la ciudad. Por fin respiran tranquilas. El Apóstol las ha protegido. Ahora solo quieren dormir y olvidar la aventura, pero antes de cerrar los ojos, los pasajeros que se sientan delante de ellas giran la cabeza y las miran fijamente. Son Mara y Óscar. Las han descubierto y ya no pueden **escapar**[21]. Ana y Elena, **exhaustas**[22], comprenden que la **pesadilla**[23] no ha terminado...

11 **la jornada** – die Tagesreise
12 **ponerse el sol** – untergehen (Sonne)
13 **asustado (Adj.)** – erschrocken
14 **la antorcha** – die Fackel
15 **la rama** – der Zweig
16 **destapar** – aufdecken
17 **el/la intruso, -a** – der Eindringling
18 **el acantilado** - die Steilküste
19 **la cueva** – die Höhle
20 **el escondite** – das Versteck
21 **escapar** – entkommen
22 **exhausto (Adj.)** – erschöpft
23 **la pesadilla** – der Albtraum

# El Camino de Santiago

## Der Jakobsweg

Gleich mehrere Pilgerwege durch Europa, die als Ziel die Kathedrale von Santiago de Compostela haben, tragen den Namen Jakobsweg – **Camino de Santiago**. Der klassische Jakobsweg ist aber der **Camino Francés**, der auf knapp 800 km quer durch Nordspanien führt. Er startet in den Pyrenäen und führt durch die 5 Königsstädte **Jaca**, **Pamplona**, **Estella**, **Burgos** und **León**.

Schauen Sie einmal in Ihr Portemonnaie. Auf spanischen Euro-Cent-Münzen ist die Kathedrale eingeprägt.

**Die Altstadt und Kathedrale von Santiago de Compostela und auch der Jakobsweg selbst stehen seit den 1980er-Jahren auf der Liste der UNESCO-Weltkulturerben.**

Der berühmte **Botafumeiro** wird an wichtigen Feiertagen durch das Querschiff der Kathedrale geschwenkt. Das über einen Meter hohe Weihrauchfass hängt von einem 30 Meter langen Seil hinab. 8 Männer bringen es in Bewegung, wobei es spektakulär bis knapp unter die Decke geschwungen wird. Es wird gesagt, dass der **Botafumeiro** früher dazu diente, den strengen Geruch der Pilger zu überdecken, die sich nach ihrer Wallfahrt in der Kathedrale versammelten.

**La catedral de Santiago de Compostela ist der Endpunkt des Jakobswegs, denn dort befindet sich das Ziel der Pilger: das Grab des Apostel Jakobus.**

# 29 LA SEÑORITA DE GÓSOL

El 14 de agosto de 1990 Rosa cumplió cien años. Estaba **ingresada**[1] en el hospital por problemas cardiacos, pero su familia celebró con ella una bonita fiesta. Ese día la habitación que ocupaba ella sola se llenó de rosas en honor a su nombre. La visitaron sus hijos y nietos de Lérida y Barcelona y sus vecinos de Gósol, su pueblo. Rosa escuchó primero el ***Feliç aniversari*** y después tuvo que apagar las cien velas de un enorme pastel. Aunque la anciana disfrutó y agradeció la celebración, sus ojos tenían una expresión melancólica. Su nieta Montse lo notó enseguida. Desde pequeña tenía una relación especial con su abuela y las dos se querían mucho. La joven le preguntó:

—**Àvia**[2], ¿Cómo te sientes? ¿Estás contenta?

—Montse, querida, estoy bien, pero siento que viví en otra época. Soy una superviviente de otro tiempo —contestó Rosa con tono misterioso, y añadió en voz baja—. Tienes que hacerme un favor. Vete a mi casa en Gósol y en mi dormitorio, detrás de la cómoda, vas a encontrar un cuadro envuelto con una **tela**. Por favor, tráemelo.

Al día siguiente era domingo y Montse viajó a casa de su abuela para coger el cuadro. Lo tomó y, sin quitar la tela que lo cubría, lo transportó hasta el hospital. Sentía

der Stoff

curiosidad por saber qué **escondía**[3] su abuela, pero no quería destaparlo sin su permiso. Cuando Montse entró con el cuadro en la habitación de Rosa, los ojos de la anciana se iluminaron y con una una sonrisa **pícara**[4] le dijo a su nieta:

—¿Has visto ya la pintura?

—No, *àvia* —contestó sincera Montse.

—Pues, venga, ¡ábrela! Creo que te va a sorprender —exclamó la abuela centenaria que ahora parecía una joven traviesa.

Montse, intrigada y también contenta por la actitud de su abuela, **retiró**[5] la tela y miró la obra. Durante unos minutos la observó sin decir nada. La pintura la dejó sin palabras. Tenía ante sí un cuadro firmado por Picasso y fechado en 1906. Era un retrato cubista de una mujer desnuda. Inmediatamente tuvo que pensar en ***Las señoritas de Avignon***, el cuadro que había contemplado el año anterior en el Museo de Arte Moderno de Nueva York. El estilo era muy similar y también la cronología, ya que Picasso pintó ***Las señoritas*** en 1907. Cuando Montse recuperó el habla solo tenía preguntas para su abuela. La anciana la miraba satisfecha y sonriente desde la cama.

—Pero, *àvia*, este cuadro ¿es un auténtico *Picasso*? ¿Por qué lo tienes tú? ¿Por qué estaba escondido? —preguntó Montse nerviosa y también un poco preocupada.

—El artista me lo regaló —contestó la abuela orgullosa, y continuó—. Te voy a contar la historia más extraordinaria de mi vida: En 1906 yo tenía 15 años cuando Pablo Ruiz Picasso y su novia de entonces, Fernande Olivier, llegaron a Gósol. En el pueblo todos estábamos muy emocionados porque nos visitaban artistas de París,

1 **ingresado (Adj.)** - eingeliefert
2 **àvia (Katalanisch) = la abuela (Spanisch)** - die Großmutter
3 **esconderse** - sich verstecken
4 **pícaro (Adj.)** - schelmisch
5 **retirar** - entfernen

o más exactamente, un pintor de la vanguardia parisina y su compañera y modelo, una chica bastante guapa, pero muy **frívola**[6]. En aquellos años mi padre tenía el único hostal del pueblo, *Cal Tampanada*, y allí se alojaron. Durante su tiempo en Gósol, Pablo y Fernande pasearon a diario por los montes, se interesaron por el arte románico de las iglesias y se divirtieron, relacionándose con la gente del pueblo. Yo los observaba con gran curiosidad y un poco de **envidia**. Se notaba que eran personas de mundo, alegres, libres, sin prejuicios. Yo nunca había salido de Gósol. Aunque me gustaba mi pueblo en medio de los Pirineos, la vida allí era monótona y tradicional. El cura lo controlaba todo. Había que comportarse **como Dios manda**[7]. Cuando conocí a Picasso me di cuenta de que yo también quería ser libre y decidir mi futuro. Por eso, un día, cuando estaba solo, trabajando en una de sus pinturas, **me atreví**[8] a hablar con él. Le dije que me interesaba el arte y que quería estudiar. El artista me escuchó muy serio y me animó a perseguir mis sueños. A partir de ese momento charlamos con frecuencia sobre arte y, en una ocasión, él me propuso ser su modelo para un cuadro. Yo le había inspirado una nueva idea. Tenía que **posar**[9] desnuda para él, pero en la pintura nadie podría identificarme. Después de pensarlo mucho, acepté la propuesta, pero naturalmente el trabajo tenía que ser secreto: si lo descubrían en el pueblo, sería un gran escándalo. Así, en las semanas siguientes Pablo y yo buscamos lugares apartados para trabajar. Finalmente, el pintor terminó su obra. Cuando la vi, casi me caí al suelo del **susto**. En el cuadro mi cara se reducía a un ojo de frente y una nariz de perfil y mi

**la envidia**

der Neid

cuerpo consistía en formas y volúmenes casi geométricos. Estaba claro que nadie me iba a reconocer. Por una parte, la pintura me decepcionó porque aquella no era yo, sino cualquier mujer recreada por la mente del artista, por otra parte, ese estilo atraía mi mirada, me causaba una sensación extraña y enigmática. La obra era tan novedosa que el propio artista luchaba con sentimientos contradictorios, atracción y **repulsión** a la vez.

El día de mi cumpleaños en aquel verano, Pablo y Fernande me felicitaron al tiempo que **se despidieron**[10] de nosotros. Antes de **partir**[11], Picasso me dijo al oído que en su habitación había un regalo para mí. Lo busqué y encontré el cuadro. Siempre lo guardé en secreto. Tú eres la primera persona a la que se lo muestro. A lo largo de mi vida lo he contemplado muchas veces y con los años he comprendido que aquel hombre fue tan genial que se adelantó a su tiempo y revolucionó todo el arte moderno. Y yo fui la primera modelo de esa revolución.

**la repulsión**

die Abscheu

6 **frívolo (Adj.)** – frivol

7 **como Dios manda** – wie es sich gehört

8 **atreverse** – sich wagen

9 **posar** – posieren

10 **despedirse** – sich verabschieden

11 **partir** – abreisen

# 30 IN VINO VERITAS

El teléfono sonó antes de las siete de la mañana en casa del inspector García. Él todavía dormía profundamente. El vino que tomó la noche anterior le causó **pesadillas**[1] y no pudo descansar bien. La llamada era de la comisaría. Tenía que investigar la muerte de un hombre en un restaurante de la ciudad. Su colega le informó de que el individuo cayó muerto después de tomar una copa de vino tinto. El inspector García pensó que aquel día iba a ser largo y **agotador**[2] por culpa del vino, del vino que no le dejó **descansar**[3] y del vino que mató a aquel hombre.

Cuando García llegó al restaurante sus compañeros policías le dieron más detalles sobre el caso. El **fallecido**[4], José Jiménez, era cliente y amigo del dueño del local. Se dedicaba a vender seguros y cenaba todas las noches allí solo o con sus clientes. Le gustaba tomar siempre el mismo vino: *Protos Reserva 2009*. Y fue ese vino el que la noche anterior acabó con su vida. El informe del **forense**[5] lo confirmó: el vino que José Jiménez bebió estaba **adulterado**[6], es decir, se modificaron sus características naturales y, en lugar de vino, fue **veneno**

para José. García interrogó al dueño del restaurante, Amancio Fernández:

—¿Dónde y cuándo compró la botella de vino consumida por el cliente? —preguntó García.

Amancio, muy afectado por la muerte de su amigo, le respondió al inspector:

—Compro el vino *Protos* directamente en la **bodega**[7] de Peñafiel desde hace muchos años. Somos viejos conocidos y ellos me hacen un buen precio porque su vino es el más consumido en mi restaurante.

—¿Por qué bebía José Jiménez siempre exactamente el mismo vino? —siguió preguntando García.

—Él pensaba que la **cosecha**[8] de 2009 fue la mejor de toda la historia de *Protos* y no quería ni oír hablar de 2010 ó 2011, cosechas que también fueron excelentes, pero que él consideraba peores. Por eso yo guardé todas las botellas de Reserva 2009 para él.

La cuna de uno de los mejores vinos de España y del mundo: la Ribera del Duero.

García agradeció la colaboración de Amancio y decidió visitar las bodegas *Protos* en Peñafiel. Tenía que descubrir cómo y dónde se adulteró el vino. Tras media hora de viaje llegó a la **cuna**[9] de unos de los mejores vinos de España y del mundo: la Ribera del Duero. El pueblo

1 **la pesadilla** – der Albtraum
2 **agotador (Adj.)** – mühsam
3 **descansar** – ruhen
4 **el/la fallecido, -a** – der/die Verstorbene
5 **el/la forense** – der/die Leichenbeschauer/in
6 **adulterado (Adj.)** – gefälscht
7 **la bodega** – das Weingut
8 **la cosecha** – die Ernte
9 **la cuna** – die Wiege

de Peñafiel se distinguía a lo lejos por su **castillo elevado**[10] y con forma de barco. Al pie del castillo, dentro del pueblo, la construcción más impresionante era la bodega *Protos*. La diseñó el arquitecto Rogers, de prestigio internacional, y se **inauguró**[11] en el año 2010. García, fascinado por la obra innovadora y, a la vez, integrada en el paisaje, pensó que era **imprescindible**[12] para un vino con fama mundial tener un edificio único y representativo. **Al fin y al cabo**[13], su bodega era su imagen.

El inspector entró en el edificio, se identificó y solicitó una entrevista con algún responsable de la bodega. Al conocer la causa de la visita, el **gerente**[14] de la empresa recibió a García en su despacho inmediatamente.

—¡Esta historia puede ser un escándalo para nuestro vino! —exclamó nervioso el directivo—. Hay que aclarar **cuanto antes**[15] lo sucedido. Yo, como responsable de *Protos*, le puedo asegurar que el control en la elaboración de cada botella en nuestra bodega es absoluto. La **Denominación de origen**[16] *Ribera del Duero* **exige**[17] la máxima calidad tanto en la uva como en el proceso productivo del vino. Además, la **añada**[18] 2009 fue excelente y la Reserva de ese año fue tan buena que hace meses que vendimos todas las botellas. Seguro que Amancio Fernández tiene en su restaurante las últimas botellas que existen de *Protos Reserva 2009*.

Después de sus explicaciones, el gerente invitó a García a visitar todo el edificio. Al comprobar las **exigentes**[19] condiciones de elaboración del vino, el inspector empezó a tener una **sospecha**[20]: la causa de la muerte no estaba en la bodega, sino en la botella concreta que bebió José esa noche. Y la modificación del vino se produjo, sin duda, en el restaurante.

García agradeció la atención del gerente y salió de la bodega con una botella *Protos Reserva 2010* en la mano. Condujo de

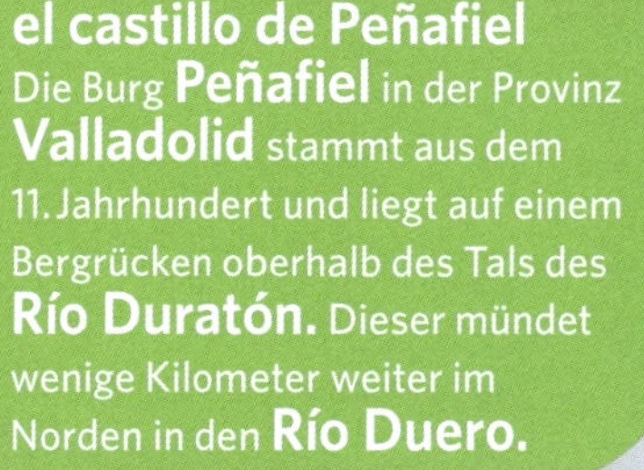

**el castillo de Peñafiel**
Die Burg **Peñafiel** in der Provinz **Valladolid** stammt aus dem 11. Jahrhundert und liegt auf einem Bergrücken oberhalb des Tals des **Río Duratón.** Dieser mündet wenige Kilometer weiter im Norden in den **Río Duero.**

die Burg

el muro
die Mauer

la vid
der Weinstock, die Weinrebe

10 **elevado, -a (Adj.)** – hoch
11 **inaugurar** – einweihen
12 **imprescindible (Adj.)** – unerlässlich
13 **al fin y al cabo** – letztendlich
14 **el/la gerente** – der/die Geschäftsführer/in
15 **cuanto antes** – baldmöglichst
16 **la denominación de origen** – die Herkunftsbezeichnung
17 **exigir** – fordern
18 **la añada** – der Jahrgang (Wein)
19 **exigente (Adj.)** – anspruchsvoll
20 **la sospecha** – der Verdacht

nuevo hasta el restaurante. Durante el viaje García recibió en su móvil el **informe**[21] toxicológico del vino y solicitó la presencia de un coche de policía en el restaurante. El local había abierto sus puertas por la tarde y los clientes llenaban poco a poco las mesas. Amancio tenía mucho trabajo, pero cuando vio al inspector le saludó amablemente. García quería hablar con él en un lugar discreto. Entraron en la cocina y García expuso al dueño sus conclusiones sobre el caso:

—Señor Amancio Fernández, le comunico que vengo a **detenerle**[22] acusado de homicidio involuntario a José Jiménez. Mis investigaciones han revelado que usted adulteró el vino que consumió el fallecido. Mezcló una parte del vino original con un vino barato y añadió el aditivo E510, estabilizante químico y **potenciador de sabor**[23] —explicó el inspector—. El consumo continuado de este producto causó **hemorragias**[24] internas a José Jiménez y, finalmente, un colapso del organismo que derivó en la muerte del cliente. Señor Fernández, aunque yo ya tengo una hipótesis, dígame usted por qué lo hizo. Creo que su confesión puede ayudar en su defensa.

Amancio Fernández miró al inspector con los ojos llenos de **lágrimas**[25] y con voz temblorosa explicó:

—José Jiménez era mi mejor cliente —comenzó—. Cuando **me enteré**[26] de que su vino favorito iba a desaparecer, compré las últimas botellas y decidí *prolongar* su existencia. Por eso mezclé los vinos y el conservante. Nunca imaginé el peligro, solo pensé en ganar un poco más de dinero.

El hombre lloraba como un niño cuando los dos agentes de la policía lo llevaron al coche patrulla detenido y **esposado**.

El inspector García dio por terminada su jornada. Como predijo por la mañana, el día había sido largo, pero estaba satisfecho con su trabajo. Llegó a su casa, se acomodó en el sofá y abrió la botella de *Protos Reserva 2010*. Estaba seguro de que con ese vino iba a pasar una noche tranquila.

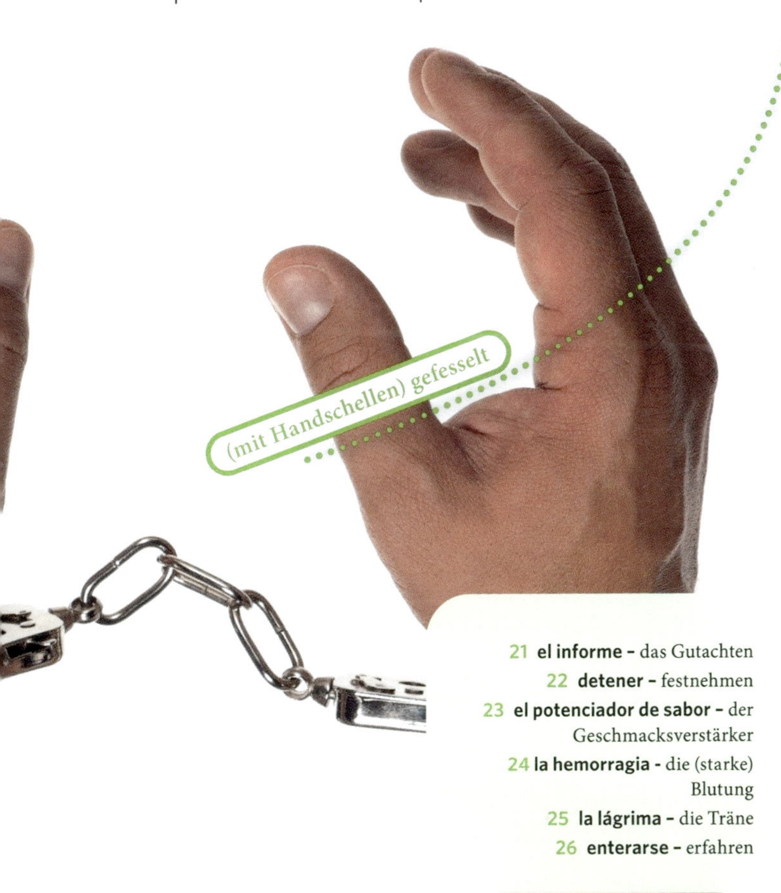

(mit Handschellen) gefesselt

21 **el informe** – das Gutachten
22 **detener** – festnehmen
23 **el potenciador de sabor** – der Geschmacksverstärker
24 **la hemorragia** - die (starke) Blutung
25 **la lágrima** – die Träne
26 **enterarse** – erfahren

# 31 COMO EL PERRO Y EL PAVO

der Keks

**la galleta**

De niña me encantaba ir a la **granja**[1] de la abuela Mercedes. Vivía en un pueblo de la montaña palentina entonces casi despoblado, pero que había sido **próspero**[2] en otros tiempos por las minas de carbón. Los fines de semana, mis padres y yo salíamos muy temprano de la ciudad, Palencia, y viajábamos, primero, hasta Aguilar de Campoo, donde hacíamos una parada. A mis padres les gustaba esa villa por sus monumentos románicos, pero a mí lo que me fascinaba era su olor: en cuanto nos bajábamos del coche el aroma a **galletas** tostadas nos envolvía. Allí se producían las galletas *María* que desayunábamos todos los niños de mi generación y que antes habían degustado muchas generaciones de españoles. Después de un paseo y un bocadillo en Aguilar, continuábamos nuestra ruta hasta la casa de mi abuela. Al llegar, nos recibían en la puerta los habitantes principales de la granja: la abuela Mercedes, el perro Elías y Bruno, el **pavo real**. Elías era un **gran pastor alemán** que velaba por la seguridad de la granja, mientras que Bruno se dedicaba a pasear, arrogante, entre los demás animales, abriendo y cerrando su majestuosa cola y **picando**[3]

a Elías siempre que podía. El pavo real había aparecido un día en el pueblo, **desplumado**[4] y malherido, sin que nadie pudiera explicar de dónde había salido. La abuela, **compadecida**[5], lo curó, lo alimentó y, una vez restablecido, le abrió la puerta por si quería marcharse en busca de su dueño, pero Bruno no se movió de su lado. Desde entonces las dos mascotas no solo **se disputaban**[6] el cariño de su **ama**[7], sino también su comida. En varias ocasiones habían desaparecido de la mesa un pan, una salchicha o un pescado, mientras la abuela se encontraba en la cocina. Instantes después se aclaraba la misteriosa desaparición cuando desde el **corral**[8] llegaban gritos y ladridos de los dos animales que se peleaban por el **botín**[9]. Eran tan frecuentes las luchas entre ellos que Mercedes, desesperada, ya no utilizaba el famoso dicho "llevarse tan mal como el perro y el gato", sino *"como el perro y el pavo"*, que era lo que ella vivía cada día en su casa.

Un fin de semana en el que mis padres me dejaron con la abuela en la granja ocurrió algo inesperado. Aquella noche, mientras cenábamos, no oímos ni a Bruno y ni a Elías. No sabíamos si ese silencio era una señal de paz o tan solo, la calma antes de la **batalla**[10].

Antes de irnos a la cama, salimos a comprobar que todo estaba en orden. En el **prado**, las **vacas pastaban**[11]

die Kuh

die Wiese

**la vaca**

1 **la granja –** der Bauernhof
2 **próspero, -a (Adj.) –** (hier:) blühend, florierend
3 **picar –** (hier:) picken; reizen
4 **desplumado, -a (Adj.) –** gerupft, ohne Federn
5 **compadecido, -a (Adj.) –** mitfühlend
6 **disputarse –** streiten
7 **el ama –** die Herrin
8 **el corral –** der Hof
9 **el botín –** die Beute
10 **la batalla –** die Schlacht
11 **pastar –** grasen, weiden

tranquilas, de las **cuadras**[12] nos llegaron los **relinchos**[13] de los **caballos**, vimos pasar a la gata Lola con sus gatitos, en el corral, las gallinas ya dormían, y los **conejos** descansaban en sus jaulas, **acurrucados**[14] entre la **paja**. Solo algo era extraño en esa pacífica noche: de Elías y Bruno no había ni **rastro**[15]. Los buscamos un poco más, pero como estábamos cansadas, decidimos irnos a la cama, pensando que los dos animales ya estarían durmiendo en algún rincón de la granja.

Al amanecer nos despertó un **estruendo**[16] de **ladridos**[17], **cacareos**[18], **maullidos**[19] y **mugidos**[20]. La abuela Mercedes pensó que el fuego arrasaba la casa y corrió muy asustada a mi cuarto. Al verla, yo también salté alarmada de la cama, pero enseguida comprobé que no había ni humo ni llamas, con lo que el problema debía ser otro. Vestidas con los abrigos sobre el pijama, salimos de la mano al patio y nos dirigimos al corral, de donde venía el alboroto. Cuando llegamos no podíamos creer lo que veíamos: Elías y Bruno luchaban, pero esta vez unidos, contra un **zorro** que intentaba robar una gallina. La escena era violenta y a la vez graciosa. A pesar de que el zorro los amenazaba con sus **colmillos**[21] afilados, Elías saltaba y le mordía en el cuello, mientras Bruno le daba **picotazos**[22] en el trasero. El zorro ya no sabía cómo defenderse, giraba sobre sí mismo y **aullaba**[23], indefenso ante las dos **fieras salvajes**[24] que le atacaban.

el caballo — das Pferd

el conejo — das Kaninchen

la gallina — das Huhn

paja — das Stroh

Con rapidez, mi abuela tomó el primer palo que encontró y se acercó al lugar de la **pelea**[25], dispuesta a dar la lección de su vida a aquel zorro ladrón. En cuanto el animal vio aproximarse a la mujer, dio un salto olímpico para liberarse de Elías y Bruno y alcanzó la **tapia**[26] sobre la que **trepó**[27], huyendo **despavorido**[28].

Aquella mañana todos celebramos felices la victoria de Elías y Bruno contra el perverso zorro. Para la abuela Mercedes ahora estaba claro el extraño comportamiento del perro y el pavo real en la noche anterior. Según me explicó, sus fieles mascotas estaban tan silenciosas al anochecer porque se habían dado cuenta de que el zorro **acechaba**[29] la granja y se habían preparado para defenderla. El trabajo en equipo de Elías y Bruno había funcionado a la perfección. Se merecían una **recompensa**[30]. Mi abuela y yo pusimos una **manta**[31] en el prado y sobre ella desayunamos. Nosotras tomamos dos tazas de leche con galletas *María*, y Elías y Bruno, sus propios tazones de leche, por supuesto, también con galletas *María*. Esta vez se lo habían ganado.

zorro

der Fuchs

12 **la cuadra** – der Stall, die Stallung
13 **el relincho** – das Wiehern
14 **acurrucado, -a (Adj.)** – eingekuschelt
15 **el rastro** – die Spur
16 **el estruendo** – der Krach
17 **el ladrido** – das Bellen
18 **el cacareo** – das Gackern, das Krähen
19 **el maullido** – das Miauen
20 **el mugido** – das Muhen
21 **el colmillo** – der Fangzahn
22 **el picotazo** – der Schnabelhieb
23 **aullar** – jaulen
24 **la fiera salvaje** – die wilde Bestie
25 **la pelea** – der Kampf
26 **la tapia** – die Lehmwand
27 **trepar** – hochklettern
28 **despavorido, -a (Adj.)** – angsterfüllt
29 **acechar** – belauern
30 **la recompensa** – die Belohnung
31 **la manta** – die Decke

# 32 EXTRAÑOS EN EL GUGGENHEIM

Cuando Óscar aterrizó en el aeropuerto de Bilbao, salió deprisa del avión y se dirigió a la parada de taxis. Esta vez su único equipaje era un par de pantalones, ropa interior, algunas camisetas y un cepillo de dientes en una bolsa de viaje que no había necesitado facturar en Londres. Un día antes había decidido volar a España y tras veinte minutos de búsqueda en internet ya había conseguido un vuelo y un hotel para pasar el fin de semana en la ciudad del Guggenheim. Hasta ahora todo había salido bien, pero su comportamiento sugería urgencia, prisas, **huida**[1]... y lo era.

Una vez que el taxi lo dejó a la puerta de un discreto hotel en el **casco viejo**[2] de la ciudad, Óscar se relajó y **aspiró**[3] lenta y profundamente. Hacía meses que no conseguía descansar y la **bocanada**[4] de aire con olor a sal y humedad que entró en sus pulmones le recordó que aún respiraba, que seguía vivo. El ambiente en su piso londinense se había vuelto tan **asfixiante**[5] que muchas veces, sobre todo por la noche, sentía que se **ahogaba**[6]. Aquella mujer, por la que un día dejó su país y su gente, se había convertido en un ser extraño y **amenazante**[7] dentro de su propia casa.

Pero Óscar no podía perder ni un minuto más pensando en la metamorfosis de Evelyn. Estaba en Bilbao y solo quería disfrutar. Después de dejar el equipaje en la habitación, salió

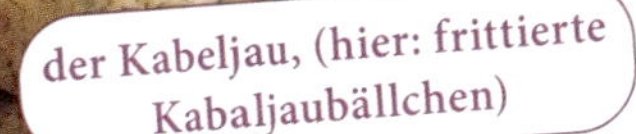

el bacalao

der Kabeljau, (hier: frittierte Kabaljaubällchen)

txikito

ein Schluck Rotwein (in Bilbao)

del hotel y empezó a caminar por las calles estrechas del casco viejo. Deseaba pasear **sin rumbo**[8] y sentirse libre. Le llamó la atención el ambiente **bullicioso**[9] en las tiendas pequeñas y en los numerosos bares. Entró en los más animados para tomar los típicos **txikitos** acompañados de **pintxos** de **rabas**, **bacalao**, pimientos o tortilla, según la costumbre de los vascos, amantes de la buena comida.

Un poco **achispado**[10] por el vino, Óscar siguió su caminata hasta la **ría**[11] y allí, a la vista del colosal museo **Guggenheim**, no pudo evitar pensar de nuevo tanto en la metamorfosis de la ciudad, Bilbao, como en la de su esposa, Evelyn. Durante largo rato contempló el extravagante edificio del museo que, a modo de **nave espacial**[12] resplandeciente, parecía haber llegado desde algún planeta lejano para **irradiar**[13] luz y hacer revivir aquel núcleo industrial en otro tiempo contaminado por el humo de las fábricas

la raba

der Tintenfisch (hier frittiert)

1 **la huida** - die Flucht
2 **el casco viejo** - die Altstadt
3 **aspirar** - einatmen
4 **la bocanada** - der Schluck
5 **asfixiante (Adj.)** - erstickend
6 **ahogarse** - ersticken
7 **amenazante (Adj.)** - bedrohlich
8 **sin rumbo** - ziellos
9 **bullicioso, -a (Adj.)** - lärmend
10 **achispado, -a (Adj.)** - angeheitert
11 **la ría** - die Flussmündung
12 **la nave espacial** - das Raumschiff
13 **irradiar** - ausstrahlen

Das Guggenheim-Museum in Bilbao ist ein Museum für Moderne Kunst mit 11.000 m² Ausstellungsfläche. Es liegt am Ufer des Flusses Nervión in der Innenstadt und wurde vom Stararchitekten Frank O. Gehry entworden.

y el carbón. ¿Qué había *contaminado* a Evelyn hasta convertirla en una persona oscura e insociable? La relación entre los dos siempre había sido alegre, positiva, constructiva, pero en los últimos meses ella se había vuelto introvertida, **desconfiada**[14], misteriosa. Óscar no entendía nada.

Volvió a mirar al Guggenheim y los pensamientos negativos desaparecieron. Lentamente, se fue acercando al museo. Mientras caminaba se dio cuenta de que había empezado a caer el *sirimiri*, esa lluvia fina que acompaña las cuatro estaciones en el País Vasco. Cuando llegó al museo lo recibió *Puppy*, un perro gigantesco **adornado** con flores multicolores. En un primer momento, Óscar sonrió al encontrarse a los pies de aquella escultura graciosa e inocente. Sin embargo, al observar de nuevo la cara del animal, vio algo que le **inquietó**[15]: en sus ojos había **angustia**[16]. Su expresión era de miedo y a Óscar le pareció que le estaba pidiendo ayuda. Un poco **avergonzado**[17] por las tonterías que se le pasaban por la cabeza, Óscar siguió paseando por los alrededores del museo. Desde lejos volvió a mirar la escultura y esta vez sintió que el miedo del perro se había transformado en pánico. Se **frotó**[18] los ojos porque la lluvia cada vez caía con más fuerza y era difícil ver con nitidez. Volvió a mirar. No había duda. Casi podía escuchar la llamada de **auxilio**[19] de *Puppy*. **Incómodo**[20] por la situación, Óscar caminó más rápido sin fijarse mucho en las formas asimétricas e inestables de la cubierta metálica del museo. De repente, al dar la vuelta al edificio, se paró en seco ante una inmensa **araña amenazadora**. Era *Mamá*. Su autora había utilizado aquel animal para simbolizar a su madre. Si bien esta idea provocativa

**adornado**

verziert

die bedrohliche Spinne

ya asustaba a Óscar, la visión de la propia escultura le aterrorizó. Allí, bajo una lluvia cada vez más intensa, le pareció que *Mamá* podía empezar a mover la cabeza y las patas en cualquier momento y sintió que su vida estaba en peligro. Aquella figura irradiaba tal energía que, al tocarla, el metal quemaba. De alguna manera la escultura se había convertido en un ser vivo y destructivo. Óscar salió corriendo **espantado**[21].

Cuando llegó al centro de la ciudad ya era de noche y seguía lloviendo. Estaba agotado y **atemorizado**[22]. Todavía nervioso entró en un restaurante para recuperarse con una sabrosa cena. Tras **devorar**[23] una genuina **txuleta**[24] vasca y después de algunos vinos, Óscar recobró las fuerzas y el optimismo. No obstante, decidió ir al hotel para descansar. Al día siguiente quería visitar el Museo de Bellas Artes y seguir disfrutando del ambiente de la ciudad.

Cuando se acostó, tardó solo unos minutos en dormirse, pero al poco tiempo aparecieron en su mente imágenes del día que le causaron gran agitación. Bajo una lluvia persistente veía la cara de terror de *Puppy*. El agua resbalaba por las flores y parecía que el animal lloraba. Óscar daba vueltas en la cama cada vez más intranquilo. De pronto, vio a la araña *Mamá* acercándose peligrosamente al perro inmóvil, **atrapado**[25] en su estructura metálica. En ese momento Óscar reaccionó y, sin pensarlo dos veces, corrió bajo el **diluvio**[26] por las calles de Bilbao hasta el Museo Guggenheim. En aquella noche oscura, fría y lluviosa, Óscar estaba

14 **desconfiado, -a (Adj.)** – misstrauisch
15 **inquietar** – beunruhigen
16 **la angustia** – das Angstgefühl
17 **avergonzado, -a (Adj.)** – verlegen
18 **frotarse** – sich reiben
19 **el auxilio** – die Hilfe
20 **incómodo, -a (Adj.)** – unwohl
21 **espantado, -a (Adj.)** – erschrocken
22 **atemorizado, -a (Adj.)** – verängstigt
23 **devorar** – verschlingen
24 **la txuleta** – das Rindersteak
25 **atrapado, -a (Adj.)** – gefangen
26 **el diluvio** – der strömende Regen

dispuesto a enfrentarse a la araña de algún modo. No tenía una estrategia de combate, pero sí un objetivo: salvar a *Puppy*. Silencioso y **empapado**[27] caminó por el entorno del museo, mientras pensaba cómo iba a luchar contra *Mamá*. Solo contaba con sus manos y con sus piernas. En el mismo lugar de la tarde anterior encontró a la **descomunal**[28] araña, pero ahora la escultura producía sonidos y luces. Aquella visión dejó paralizado a Óscar, que vio confirmadas sus **sospechas**[29]: la araña tenía vida. De repente, los ojos metálicos del animal, convertidos en focos luminosos, lo **alumbraron**[30]. La araña, al descubrir a Óscar, lo enfocó con su luz y este pudo percibir cómo, muy lentamente, la cabeza de *Mamá* se iba acercando. Sin esperanza de sobrevivir al ataque de la araña, cerró los ojos para despedirse del mundo, pero cuando los abrió no estaba muerto. Delante de él, casi a su lado, tenía la cabeza de *Mamá* observándolo fijamente. La luz de sus ojos-focos ya no era tan intensa, de manera que Óscar también podía mirarla a ella. Cuando su visión se acostumbró al **contraluz**[31], distinguió entre las sombras la silueta de una mujer **cabalgando**[32] sobre la araña. Su aspecto era inquietante porque tenía un cuerpo alargado y flexible y sus ojos irradiaban luz como los de *Mamá*. No obstante, algo en esa mujer le resultaba conocido. Óscar se armó de valor y dirigió su mirada a la cara de la amazona. En el mismo momento en que reconoció el rostro de Evelyn, se dio cuenta de que su boca, sin moverse, pronunciaba unas palabras que llegaron con total nitidez a sus oídos: «Óscar, querido, ya estamos aquí. La invasión ha comenzado». A su alrededor cientos de ojos luminosos se encendieron.

27 **empapado, -a (Adj.)** - pitschnass
28 **descomunal (Adj.)** - ungeheuer
29 **la sospecha** - der Verdacht
30 **alumbrar** - beleuchten
31 **el contraluz** - das Gegenlicht
32 **cabalgar** - reiten

# 33 COSA DE MEIGAS

Cuando planearon aquel viaje, Pedro y María eran una pareja feliz. Compartían una vida tranquila y plena en Madrid, la ciudad donde se instalaron después de los estudios. Él, con un contrato en un periódico, ella, como profesora en la facultad. Nunca se casaron porque decían que su amor no era cuestión de papeles. Eran independientes, mantenían sus aficiones, perseguían sus sueños y la relación funcionaba. Hasta que apareció ella, aquella compañera de trabajo que fascinó, o más bien, **hechizó**[1] a Pedro. En pocas semanas este hizo las maletas y abandonó a María sin muchas explicaciones. Aunque sabía que la vida se **derrumbaba**[2] a su alrededor, María no **renunció**[3] a aquel viaje.

**Estupefacta**[4], dolida y, ante todo, sola, se puso en camino. Porque de eso se trataba, de andar por las sendas de Galicia hasta llegar a Santiago. Unos años atrás los dos habían seguido la ruta francesa, la vía más frecuentada del Camino de Santiago, y planeaban ahora peregrinar hasta la catedral jacobina por una travesía menos **transitada**[5]. Como todo estaba preparado, María solo tuvo que tomar la **mochila**, los mapas y el tren a Ponferrada. Tres horas después había llegado a la capital del Bierzo para comenzar su aventura. Tenía doscientos kilómetros por delante y diez días para recorrerlos, pero se sentía



der Rucksack

1 **hechizar –** verhexen
2 **derrumbar –** zusammenbrechen
3 **renunciar –** verzichten
4 **estupefacto, -a (Adj.) –** sprachlos
5 **menos transitado, -a (Adj.) –** weniger besucht

tan débil que le parecía que eran dos mil los kilómetros que la separaban de su destino. A pesar de su **abatimiento**[6], comenzó a caminar con el peso de la mochila en la espalda y el de su **pena**[7] en el corazón. Sin embargo, poco a poco, el ambiente bullicioso de los peregrinos que pasaban por la ciudad apartó a María de sus **amargos**[8] pensamientos. Las primeras horas de caminata fueron, por una parte, duras para las piernas, aún poco entrenadas para la marcha, y por otra parte, liberadoras para la cabeza. Los saludos de los caminantes, las conversaciones en diversas lenguas y las historias que contaron los peregrinos animaron el recorrido. Al final del día estaba cansada, pero, al mismo tiempo, se sentía viva de nuevo.

A la mañana siguiente, María llegó a tierras gallegas y, de acuerdo con el plan previsto, cuando alcanzó el alto de *O Cebreiro* se apartó de la ruta más transitada y continuó su camino a través de **aldeas**[9] y montes. Aunque la soledad volvió a ser su compañera de viaje, la naturaleza que la rodeaba le **proporcionó**[10] paz y equilibrio. María avanzaba por un bosque de **avellanos**, **robles** y **abedules**, donde el

der Haselnussstrauch

die Eiche

die Birke

el avellano

el roble

el abedu

ambiente húmedo y **brumoso**[11] desdibujaba la silueta verde de los árboles. Al llegar a un claro, respiró profundamente el aire limpio y pensó que aquel lugar era un paraíso. Caminó contenta durante varias horas más sin ver a ningún ser humano. Cuando se sentó a comer al lado de un **riachuelo**[12], de repente, oyó unas voces suaves que **susurraban**[13] detrás de ella. Se dio la vuelta, pero no vio a nadie. Se imaginó que había sido el ruido del agua y siguió comiendo. De nuevo escuchó las voces que hablaban e incluso pronunciaban su nombre. Miró en la dirección del sonido y, entre la bruma, distinguió cuatro ojos rojos que la miraban. Muy asustada recogió sus cosas y salió corriendo. Después de doscientos metros se paró e intentó calmarse. Quizá sólo habían sido unos animales. Sin embargo, una vez más oyó las voces muy cerca de ella y entre la niebla vio de nuevo los ojos rojos que se acercaban.

Empezó a correr de nuevo, pero tropezó con una piedra y cayó al suelo. Al levantarse, notó un dolor intenso en el pie y se dio cuenta de que no podía apoyarlo. El **tobillo**[14] estaba **amoratado**[15] y cada vez más inflamado. **Cojeando**[16] continuó por el bosque. Buscó asustada los ojos rojos a su alrededor, pero no los encontró.

6 **el abatimiento** – die Niedergeschlagenheit
7 **la pena** – das Leid
8 **amargo, -a (Adj.)** – bitter
9 **la aldea** – das Bergdorf
10 **proporcionar** – geben, verhelfen
11 **brumoso, -a (Adj.)** – neblig
12 **el riachuelo** – der Bach
13 **susurrar** – flüstern
14 **el tobillo** – der Fußknöchel
15 **amoratado, -a (Adj.)** – blau
16 **cojear** – humpeln

Se movía despacio y dolorida, cuando entre los árboles distinguió una casa. Se acercó. Era una **cabaña** de madera y parecía abandonada. Delante de la puerta había una **escoba** puesta **del revés**[17] y cerca de la ventana estaba colgada una **ristra de ajos**. María pensó que si había objetos tan extraños colocados en la entrada, quizá la casa también tendría habitantes. Cuando iba a llamar a la puerta, una mujer de aspecto **siniestro**[18] la abrió enérgicamente. María se **asustó**[19] tanto que dio un salto hacia atrás. En ese momento, un terrible **pinchazo**[20] en el pie le recordó que necesitaba ayuda. Aunque su único deseo era alejarse de allí, saludó con amabilidad a la mujer y le explicó que estaba herida y que no podía seguir su viaje. La dueña de la casa la miró con desconfianza, pero al ver el tobillo tan hinchado como una pelota de ping-pong, la invitó a pasar y sentarse. María le explicó a la mujer cómo había llegado hasta allí, sin mencionar las voces ni los ojos rojos del bosque, y le pidió poder descansar una noche en su casa para intentar caminar al día siguiente hasta la aldea y localizar a un médico. Después de escuchar a María, la mujer le dijo en tono amable: «Puedes llamarme Carmiña. Voy a intentar ayudarte».

Se acercó a ella, observó su pie, puso la mano sobre el tobillo lesionado sin llegar a tocarlo y permaneció así unos minutos. Después, **sin mediar palabra**[21], Carmiña salió de la habitación y María se quedó muy quieta y silenciosa. Tenía la sensación de estar en otro mundo, en un mundo extraño y mágico, pero no se sentía mal, al contrario, cuando Carmiña había puesto la mano sobre el tobillo, el dolor había desaparecido. La mujer regresó pronto con un **ungüento**[22] que aplicó sobre la lesión de María, cubriendo después el tobillo con hojas de avellano. Carmiña volvió a hablar: «Mantén el tobillo elevado e inmóvil toda la noche. Puedes dormir en mi cama. Niña, estoy haciendo lo que puedo por tu pie, pero veo en tu mirada que tienes otra herida, una herida que está dentro, en el corazón».

María la miró **atónita**[23] e, indefensa ante aquella mujer adivina, rompió a llorar. Lloró por todo lo que había sufrido en los últimos meses, lloró por su impotencia, su abandono, su desesperación, lloró por su mala suerte, su soledad y su miedo. Cuando lo lloró todo, se calmó y le contó a Carmiña la historia de Pedro, su decisión de hacer el viaje sola y su experiencia con las voces y los ojos rojos en el bosque. Carmiña la miró preocupada y dijo: «Parece cosa de *meigas*».

María recordó enseguida que estaba en Galicia, donde el pensamiento mágico **impregnaba**[24] la vida cotidiana. En efecto, parecía que aquellas brujas gallegas, llamadas *meigas*, que nadie había visto, pero de las que todos hablaban, le habían echado ***mal de ojo***[25].

Carmiña tranquilizó a María y prometió ayudarla. Lo primero que tenía que hacer era descansar. La acompañó hasta la cama y la dejó dormir. Al despertar, María no recordaba muy bien dónde estaba ni sabía cuántas horas

17 **del revés** - umgekehrt
18 **siniestro, -a (Adj.)** - unheimlich
19 **asustarse** - sich erschrecken
20 **el pinchazo** - der Stich
21 **sin mediar palabra** - ohne zu sprechen
22 **el ungüento** - die Salbe
23 **atónito, -a (Adj.)** - verblüfft
24 **impregnar** - beeinflussen
25 **el mal de ojo** - der böse Blick

**el azabache**

der Gagat (fossilisiertes Holz, das als Schmuckstein benutzt wird)

había dormido, pero se sentía renovada. El tobillo ya no estaba inflamado y el dolor casi había desaparecido. Se levantó despacio y buscó a Carmiña. La encontró en la cocina, preparando el *caldeiro* en un rústico **horno de leña**[26]. En cuanto la vio, Carmiña colgó un amuleto de **azabache** en el cuello de María. Era la *figa*, un puño cerrado que tenía que protegerla contra el *meigallo* o **encantamiento**[27]. María estuvo a punto de echarse a reír, pero al ver la casa llena de velas encendidas y piedras mágicas, comprendió que Carmiña se tomaba muy en serio el ritual contra el *mal de ojo*. Cuando el *caldeiro* estuvo listo, las mujeres comieron el **guiso**[28] de carne y verduras. María encontró delicioso aquel plato gallego, preparado al estilo tradicional. Cuando empezó a anochecer, la cabaña de Carmiña quedó iluminada tan solo por las **llamas** de las velas y por el fuego del horno donde ya se calentaba otro pote con aguardiente, azúcar, café y especias. Se trataba de la **queimada**. Al llegar la medianoche, Carmiña encendió el aguardiente de la cazuela y comenzaron a salir llamas azules. A la luz del fuego, Carmiña leyó en gallego un conjuro para **ahuyentar**[29] los malos espíritus. Era el último ritual contra los **hechizos**[30] de las *meigas*. Cuando terminó de arder el alcohol, Carmiña ofreció la bebida a María, que la tomó **obediente**[31], pero escéptica. Después de aquella

die Flamme

**la llama**

Was eine **queimada** ist, erfahren Sie auf S. 201.

ceremonia, la joven debía estar protegida definitivamente contra la magia negra.

A la mañana siguiente, María se despidió de Carmiña, agradeciéndole de corazón su ayuda. A su casa había llegado, dos días atrás, muerta de miedo, con el tobillo herido y enferma de mal de amor. Retomaba ahora su viaje curada por dentro y por fuera y con nuevas energías. Caminó durante dos horas hasta llegar a un pueblo donde entró a descansar en la **taberna**[32]. Allí habló con los paisanos sobre la cabaña del bosque y las **atenciones**[33] que había recibido de Carmiña. Cuando los vecinos del lugar escucharon su historia la miraron **desconcertados**[34] y uno de ellos le explicó a María: «Carmiña fue una **hechicera**[35] que, según cuenta la leyenda, vivió en el bosque en el siglo pasado. Ninguno de nosotros la conocimos ni la vimos jamás. Lo que tú has vivido debe ser cosa de *meigas*».

Al oír la frase, María comprendió que nunca entendería a aquellas gentes. Ya no estaba segura de poder distinguir entre la realidad y la fantasía. Se despidió amablemente y se dirigió hacia la salida del pueblo. Todo era **confuso**[36] a su alrededor y, sin embargo, ella se sentía protegida y fuerte. Sabía que después de aquella experiencia ya nada iba a **detenerla**[37]. En ese momento, recibió un mensaje en el móvil: «Te echo de menos, tenemos que hablar. Pedro». María lo borró inmediatamente y continuó su camino.

26 **el horno de leña** – der Holzofen
27 **el encantamiento** – die Verzauberung
28 **el guiso** – das Gericht
29 **ahuyentar** – verscheuchen
30 **el hechizo** – die Verhexung
31 **obediente (Adj.)** – gehorsam
32 **la taberna** – die Dorfschenke
33 **la atención** – die Fürsorge
34 **desconcertado, -a (Adj.)** – fassungslos
35 **la hechicera** – die Zauberin
36 **confuso, -a (Adj.)** – verwirrend
37 **detener** – anhalten

# Las meigas

Galicien ist ein Land der Legenden und des Volksglaubens. Oft wird den Menschen dort nachgesagt, sie seien abergläubisch. Tief verwurzelt in der galicischen Kultur sind beispielsweise die **Meigas**. Das sind Frauen, welche der Magie und der dunklen Künste mächtig sind und mit **Zaubersprüchen**, **Wahrsagungen** und dem **„bösen Blick"** den Menschen helfen oder schaden können. Meistens werden Meigas nicht als Hexen, sondern als alte Landfrauen dargestellt.

Bekannt ist das galicische Sprichwort: *"Eu non creo nas Meigas, mais habelas hainas"* („Ich glaube nicht an Meigas, aber sie existieren").

Vor dem „bösen Blick" einer Meiga sollen Amulette wie **Figa** oder **Mano poderosa** schützen.

Die **Queimada** ist ein Ritual um ein alkoholisches Heißgetränk der galicischen Küche und gehört der galicischen Folklore an. Hauptbestandteile sind Zucker und **Aguardiente de Orujo**, ein galicischer Tresterbrand.

Während der Zubereitung wird das Gemisch in einem Tongefäß entzündet und eine Beschwörung gesprochen, die gemeinsam mit dem blau leuchtenden Feuer das Getränk „reinigen" und vor den Meigas schützen soll.

# 34 CORRUPCIÓN EN MANHATTAN

der Gemüsegarten

la huerta

– Señor Guzmán Pla, vecino del municipio de Cullera, en Valencia, de 65 años, está Usted aquí para declarar como testigo por el caso «Manhattan». Por favor, haga un relato de los hechos ocurridos en orden cronológico.

– Como Usted mande, Señora Jueza. Mi familia y yo vivimos desde hace tres generaciones en la Vega de Cullera. Fue mi abuelo quien, en su juventud, allá por 1920, compró unas **huertas** y un terreno para plantar naranjos. Las tierras eran fértiles y baratas en aquella época y, lo más importante, aseguraban el alimento de nuestra pobre familia **campesina**[1]. Con mis abuelos vivíamos todos: mis padres, mis tíos y nosotros, los nietos. Cada sábado los niños íbamos con la abuela a vender naranjas y verduras al mercado de Cullera. Cuando habíamos vendido todo, la abuela compraba pan, carne y algunas golosinas. Para nosotros aquella excursión semanal era una aventura. Todo cambió cuando en los años 60 mis tíos decidieron trasladarse a la capital para trabajar en una fábrica. Dijeron que la industria era el futuro, que la vida moderna estaba en la ciudad y dejaron el campo para buscar la felicidad en el cemento. Mi padre fue el único hijo que se quedó en el pueblo para cuidar de las huertas y de los abuelos y cuando ellos murieron, mi familia **heredó**[2] las fincas. Mi

der Orangenbaum

el naranjo

der Zitronenbaum

el limonero

padre y yo decidimos modernizar la producción y conseguimos exportar nuestras naranjas a Francia y Alemania. Fue mucho trabajo, pero tuvimos éxito y ganamos dinero, señora Jueza, más dinero de lo que nunca pudimos imaginar. El abuelo habría estado orgulloso de nosotros. Pero en los años 90 llegó la especulación inmobiliaria y todo cambió. Cambió, sobre todo, la mentalidad de la gente. Nuestros vecinos empezaron a vender las tierras convertidas en terreno urbanizable y la fiebre de la construcción se apoderó de nuestras poblaciones. Hacía ya varias décadas que miles de turistas invadían nuestras playas en verano y en invierno, pero ahora la estrategia era venderles casas, apartamentos, pisos... Los políticos locales **anunciaron a bombo y platillo**[3] los beneficios de este plan: si los turistas compraban su propia vivienda, por una parte, invertirían a corto plazo miles de euros en la adquisición y, por otra parte, estarían obligados a pasar sus vacaciones regularmente en nuestro país, con lo que los ingresos **aumentarían**[4] también a medio y largo plazo. La lógica del plan era indiscutible y la mayoría de la gente lo apoyó. Sin embargo, ¿pensó alguien en los costes de tan lucrativa estrategia? Nuestras tierras eran productivas, pero la agricultura había dejado de ser interesante frente al dinero fácil y rápido que iba a llegar con la urbanización masiva de la costa. También el entorno natural iba a ser **arrasado**[5] por la construcción. El **abastecimiento**[6] de agua para

1 **campesino, -a (Adj.)** – bäuerlich
2 **heredar** – erben
3 **anunciar (algo) a bombo y platillo(s)** – die Werbetrommel für etw. rühren
4 **aumentar** – steigen
5 **arrasado, -a (Adj.)** – zerstört
6 **el abastecimiento** – die Versorgung

una población masificada estaba igualmente en peligro... Pero todas estas pérdidas y problemas se consideraron **daños colaterales**[7] en la carrera por conseguir la máxima riqueza.

»Señora Jueza, yo soy un hombre sencillo, sin estudios, pero desde el principio fui muy escéptico con este proyecto. Primero, a mí sí me parecían graves las consecuencias de la construcción **desenfrenada**[8]. ¿En qué condiciones viviríamos si destruíamos nuestro paisaje y si no cuidábamos recursos **imprescindibles**[9] como el agua? En segundo lugar, yo había aprendido desde niño que para ganarse el pan había que trabajar y un dinero que llegaba **como caído del cielo**[10] no podía ser muy limpio. Mi familia siempre fue decente, Señora Jueza, y yo solo quería seguir cultivando mis campos y poder pasear por el monte o por la playa cada atardecer.

»Fue entonces cuando recibí la primera visita. El ayuntamiento de Cullera planeaba un macroproyecto de construcción en la **Vega**[11] del Júcar, nuestro río: querían levantar treinta y cinco rascacielos para alojar a veinte mil personas y construir un puerto deportivo en el río. ¡Querían hacer un *Manhattan* en nuestro pueblo! Quizá esta gente también creía, como lo hicieron mis tíos décadas atrás, que la felicidad estaba en el cemento. Pero a mí no me iban a convencer de que vivir entre el **hormigón**[12] duro, gris, tan frío como la muerte, podía ser mejor que pisar la tierra suave, fresca, blanda, viva. Para su proyecto, el ayuntamiento y los constructores necesitaban comprar todas las tierras de la Vega, pero yo me negué a vender. Un día se presentaron en mi casa tres **concejales**[13] y dos **empresarios**[14]. Todos eran muy educados, llevaban trajes finos y me hablaban con voz serena, mientras extendían sobre la mesa planos y prospectos con dibujos futuristas de la nueva Cullera. Se notaba que se esforzaban por utilizar palabras sencillas para hacer comprensibles sus ideas a un hombre de pueblo como yo. Sin embargo, quizá precisamente por mi condición de **paleto**[15], su **perorata**[16] causó en mí el efecto contrario: cuanto más hablaban sobre el progreso y el beneficio a la comunidad, menos podía creerlos. Ante mi obstinada **incredulidad**[17], perdieron la paciencia y pasaron a los hechos. De repente, aquellos caballeros abrieron uno de sus lujosos maletines y aparecieron ante mí unos doscientos **fajos** de billetes de quinientos euros. Durante toda la visita había permanecido a mi lado Francisco, mi nieto. Cuando el niño contempló esa cantidad de dinero se le abrieron los ojos como platos y sonrió **pícaramente**[18]. No sé qué pensó Francisco en ese momento, pero, como yo no soy un niño, a mí no me impresionaron ni un segundo aquellos billetes rosados. Los visitantes me explicaron, de nuevo con voz complaciente, que el millón de euros era mío si vendía mis tierras y, por supuesto, que nadie conocería nuestro particular negocio. En aquel instante los hombres terminaron con mi

**el fajo** – das Notenbündel

7 **los daños colaterales** - die Kollateralschäden
8 **desenfrenado, -a (Adj.)** - ungezügelt
9 **imprescindible (Adj.)** - unentbehrlich
10 **como caído del cielo** - wie ein Geschenk des Himmels
11 **la vega** - die Flussebene
12 **el hormigón** - der Stahlbeton
13 **el concejal** - der Stadtrat
14 **el/la empresario, -a** – der/die Unternehmer/in
15 **el paleto** - der Tölpel
16 **la perorata** - die langweilige Rede
17 **la incredulidad** - das Misstrauen
18 **pícaramente** - schelmisch

paciencia. Rojo de ira, me levanté de la silla y les eché de mi casa con insultos y algún que otro golpe. Debieron de pensar que aquella reacción era propia de un hombre primitivo como yo y no tomaron en serio mi comportamiento. De hecho, un par de semanas más tarde volvió la **comitiva**[19] con la maleta. Fue la segunda visita o, más bien, intento de visita, porque en cuanto los vi a la puerta de mi casa, saqué mi **escopeta de caza**.

das Jagdgewehr

**la escopeta de caza**

Al darse cuenta de mis intenciones, los prohombres, espantados, se subieron al coche y se alejaron sin **atreverse**[20] a mirar atrás. Yo pensé que por fin me iban a dejar en paz, mis tierras no se vendían y punto. Pero a partir de ese momento comenzaron las **amenazas**[21]. El teléfono sonaba de día y de noche. Algunas veces, cuando lo cogíamos, escuchábamos: «Vende las tierras o morirás». Al principio, nos reíamos y hacíamos bromas. Nos parecía que estábamos en una película americana de tercera categoría. Incluso le pusimos un título, *la mafia de Manhattan*. Sin embargo, todo cambió cuando mi perro apareció ahogado en la **acequia**[22]. Pudo ser un accidente, pero sabíamos que lo habían hecho ellos. Unos días más tarde me fallaron los frenos del coche. Por suerte, pude controlar el vehículo y pararlo en un campo. Al poco tiempo se inició un fuego en la cocina de mi casa mientras dormíamos. Las alarmas nos despertaron y pudimos avisar a los bomberos. Aquella historia ya no era una mala película, sino una película de terror. De día, el miedo nos acompañaba y, de noche, las **pesadillas**[23] nos desvelaban. Decidí, entonces, llamar a los concejales y decirles que había cambiado de opinión. Señora Jueza, yo no soy ningún héroe y solo quería proteger a mi familia y sobrevivir.

- Comprendo sus razones, Señor Pla. Lo importante es que, finalmente, Usted ha denunciado a estos **delincuentes**[24] con pruebas **irrefutables**[25] para ser condenados.

- La verdad es que todo fue idea de mi nieto Francisco. Cuando por tercera vez los hombres del traje llegaron a mi casa con su maletín lleno de dinero y los papeles de la venta, el niño se sentó a mi lado como en la visita anterior. Primero, solo escuchó nuestra conversación, pero cuando hubo más confianza en el ambiente, él empezó a hablar de magia negra y relató los incidentes de las semanas anteriores, diciendo que alguien nos había echado *mal de ojo*. Los hombres, animados por las ideas absurdas del niño y por el vino que yo les había servido, hicieron comentarios sobre el tema hasta que uno afirmó que probablemente aquellos *accidentes* no habían sido solo por el *mal de ojo*... En ese momento, todos se callaron y, bastante nerviosos, se despidieron. Cuando salieron de nuestra casa, me sentí fatal. Aquella gente había ganado la partida con sus métodos mafiosos. Me eché a llorar impotente. De repente, Francisco se acercó a mí con el teléfono móvil en la mano y me dijo: «Abuelo, lo tengo todo aquí». Mi nieto había grabado con su aparato tanto la conversación de la primera visita como un vídeo de nuestro reciente encuentro. Había quedado registrado hasta el último detalle.

»Y aquí estamos, Señora Jueza, para contarle nuestro testimonio y para entregarle nuestras pruebas. Y yo, que me sentía sabio por ser viejo, ahora pienso cuánto tengo que aprender de nuestros jóvenes. **¡Juventud, divino tesoro!**[26].

19 **la comitiva** - das Gefolge
20 **atreverse** - sich trauen
21 **la amenaza** - die Drohung
22 **la acequia** - der Bewässerungsgraben
23 **la pesadilla** - der Albtraum
24 **el/la delincuente** - der/die Verbrecher/in
25 **irrefutable (Adj.)** - unwiderlegbar
26 **¡Juventud, divino tesoro!** - Jugend, göttlicher Schatz!

# 35 EL GRIEGO QUE PINTÓ TOLEDO

Cuando Doménikos llegó a Toledo ya no era el joven ilusionado y soñador que había salido de Creta dispuesto a *comerse* el mundo. A sus 36 años, el pintor tenía un objetivo claro para su carrera artística y una estrategia precisa para alcanzarlo. Se había instalado temporalmente en la ciudad del Tajo porque allí vivían algunos amigos que había conocido en su viaje por Italia. Sin embargo, su meta era trasladarse a Madrid, la capital, y convertirse en pintor de cámara de Felipe II.

Doménikos estaba convencido de que iba a alcanzar la cumbre de su carrera si llegaba a ser el pintor del rey más poderoso de su tiempo. Su trabajo era diferente al de los otros pintores que en aquellos años colaboraban en la decoración de la nueva residencia real, el *Palacio del Escorial*. Doménikos tenía un instinto natural y una formación artística que dotaban de una calidad fuera de lo común a sus obras y él lo sabía: la composición, los colores, el enfoque de las escenas, todo era original y distinto en sus cuadros.

Para la prueba que había concertado con Felipe II preparó **minuciosamente**[1] dos obras sobre temas religiosos, de acuerdo con la fe cristiana, casi fanática, del monarca. Aunque el artista presentó al rey dos pinturas complejas y de excepcional calidad, las obras no fueron del gusto del soberano, hombre de mente sencilla y poco amigo de alegorías. Por suerte o por desgracia, como suele ocurrir en la vida, sus ambiciosos planes fracasaron **estrepitosamente**[2].

Doménikos sufrió una gran decepción cuando recibió la noticia de que a Felipe II no le habían gustado ni el estilo ni el contenido de sus cuadros. Sin embargo, el artista griego no cambió ni una pincelada de sus obras. Estaba **orgulloso**[3] de su trabajo y convencido de que sus pinturas eran extraordinarias. Esta decisión de ser fiel a sí mismo reafirmó la personalidad del artista, pero transformó radicalmente sus planes y su futuro. Doménikos ya no llegó nunca a la corte ni trasladó su domicilio a Madrid, sino que se quedó definitivamente en Toledo. Allí alquiló una hermosa casa donde instaló su vivienda y montó su taller.

No fue fácil para Doménikos cambiar su proyecto de vida, pero, poco a poco, en Toledo empezó a **trazar**[4] su nuevo camino. En esta ciudad conoció a Jerónima, la mujer con la que nunca se casó, pero que siempre fue su compañera y con la que tuvo a su único hijo, Jorge Manuel. Juntos vivieron una existencia cómoda, caracterizada por el lujo y la cultura. Al artista le gustaba comprar libros sobre muy diversos temas, desde arquitectura hasta filosofía, y los leía con gran interés para poder discutir en las **tertulias**[5] que organizaba con sus amigos intelectuales de la ciudad. Eran famosas las cenas que ofrecía en su casa con ricos **manjares**[6] y música de cámara. Su hogar se convirtió en un centro de saber renacentista excepcional en una España donde la Iglesia católica, con la Inquisición a la cabeza, controlaba tanto la pureza de la doctrina cristiana como la rectitud en la forma de vida de sus **fieles**[7], es decir, de toda la población. El estilo de vida de Doménikos, alejado de los protocolos de la época, abierto a nuevas ideas y orientado al placer material e intelectual, molestó a las

1 **minuciosamente -** ausführlich
2 **estrepitosamente -** lärmend
3 **orgulloso, -a (Adj.) -** stolz
4 **trazar -** skizzieren
5 **la tertulia -** der Gesprächskreis
6 **el manjar -** die Delikatesse
7 **el/la fiel -** der/die Gläubige

autoridades eclesiásticas y le convirtió en sospechoso para el Santo Tribunal.

Con todo, el artista gozó de privilegios y libertad gracias a sus buenos contactos en la Catedral de Toledo. Además, pronto consiguió fama y admiración en la sociedad toledana. Su pintura se puso de moda en la ciudad, los encargos se multiplicaron y, para organizar mejor el trabajo, él se ocupaba de las obras importantes y su taller creaba cuadros en serie, con precios moderados, para los clientes más modestos. Así, su arte se hizo popular y accesible para todos. Cada casa de Toledo lucía una **obra** firmada por el artista griego. El pintor llenó la ciudad de color con sus pinturas.

Sin embargo, cuando parecía que la vida le sonreía y podía disfrutar de su éxito, Doménikos tuvo que enfrentarse a un nuevo **contratiempo**[8]: el **cabildo**[9] de la Catedral, que a su llegada había sido un valioso apoyo, no estaba satisfecho con una obra y se negaba a pagarle su trabajo. Para el pintor no se trataba solo de una cuestión de dinero, sino que estaba en juego su prestigio y su honor. El encargo que había recibido era realizar un cuadro para decorar la sacristía de la Catedral. Pensando en este espacio donde se iba a exponer la obra, Doménikos tuvo una idea genial: representar el momento en que los soldados se iban a repartir las ropas de Cristo antes de la Crucifixión. Sin embargo, cuando la pintura estuvo terminada, dos detalles de la composición **escandalizaron**[10] a los clérigos. Por una parte, Doménikos había representado en primer plano a tres mujeres, la madre de Jesús y dos de sus discípulas. Los sacerdotes no entendían cómo se

das Werk

le había ocurrido al pintor incluir a mujeres en la escena y, además, en primer plano. Por otro lado, el personaje de Jesús, situado en el centro del cuadro, estaba rodeado de personas a su misma altura o un poco más elevadas, lo que según los religiosos era una falta de respeto hacia el protagonista. **Para colmo**[11], Doménikos pidió novecientos ducados por la obra, una cantidad que nunca se había pagado antes por una pintura. Fue este precio lo que verdaderamente enfadó a los canónigos, ya que consideraban que el artista, en vez de mostrarles agradecimiento, pecaba de **soberbia**[12] valorando en un precio excesivo su obra.

Para Doménikos la oposición del cabildo fue un duro golpe. Comenzó un largo período de enfrentamiento contra la institución más poderosa de Toledo: su Catedral. Era la lucha de David contra Goliat. Pero el artista defendió sin descanso el valor de su trabajo frente a los que no lo reconocían. Sus pinturas eran singulares y consideraba justo exigir el reconocimiento de su talento.

A lo largo de los años que duró el proceso judicial por el cuadro de la sacristía, Doménikos vivió momentos de dudas y depresión, pero cuanto más contemplaba su obra, más se convencía de su excepcional calidad y recuperaba el ánimo para seguir luchando. Finalmente, el enfrentamiento se resolvió sin un ganador claro. La Catedral aceptó el cuadro como estaba, pero sólo pagó un tercio del dinero inicialmente **requerido**[13]. Después de esta **sentencia**[14], Doménikos se

8 **el contratiempo** – die Misslichkeit
9 **el cabildo** – das Domkapitel
10 **escandalizar** – entsetzen
11 **para colmo** – noch dazu
12 **la soberbia** – der Hochmut
13 **requerido, -a (Adj.)** – gefordert
14 **la sentencia** – das Urteil

sintió dividido. Habían pasado pocos años desde su llegada a España y ya había perdido el favor tanto del rey como de la Catedral de Toledo, quienes podían haber sido sus mejores protectores. Él había preferido mantener su independencia y confiar en su genialidad antes que **someterse**[15] a la voluntad de esos poderosos. Sin embargo, ¿fue orgullo?, ¿arrogancia?, ¿locura?, el artista no sabía si su decisión había sido la correcta. Tenía la sensación de que un aura de mala suerte le perseguía. Es cierto que nunca le habían faltado los encargos, pero siempre había tenido que luchar para conseguir el respeto y el reconocimiento de sus obras. En los últimos años de su vida, pintó en sus cuadros figuras alargadas con colores sobrenaturales que expresaban una huída de la realidad material. Parecía que Doménikos quería alejarse de aquel doloroso mundo terrenal para acercarse más a un espacio espiritual sin luchas de poder ni conflictos.

Murió el artista con sus **incertidumbres**[16], pero, el final, el tiempo le dio la razón: ya en el siglo XX, las singulares obras de Doménikos Theotokópoulos influyeron en las **vanguardias**[17] que revolucionaron la pintura moderna. Picasso, Cézanne, Modigliani, Macke o Pollock volvieron sus miradas hacia el arte del maestro griego.

El genial pintor pasó a la historia con el **apodo**[18] que le dieron sus amigos en aquel viaje de juventud por Italia: *El Greco*. Ya nunca habría más dudas sobre el talento del griego que pintó Toledo.

CORREOS

15 **someterse** - sich beugen
16 **la incertidumbre** - die Ungewissheit
17 **la vanguardia** - die Avantgarde
18 **el apodo** - der Spitzname

El Greco hieß eigentlich Domínikos Theotokópoulos. Er wurde 1541 auf Kreta geboren und starb 1614 in Toledo.

# 36 LA SORPRESA DE CUMPLEAÑOS

das Wappen

Cuando Pedro encontró la carta en el buzón, el corazón le dio un vuelco. Iba dirigida a él y en el sobre llevaba impreso el **escudo** del Real Madrid. Era la respuesta que esperaba. Pronto sabría si le habían seleccionado para asistir al campamento de fútbol que se celebraba ese verano en las instalaciones madridistas de Valdebebas. Unas semanas antes había realizado un **entrenamiento**[1] de prueba, junto a más de cien niños que, como él, habían **solicitado**[2] las **becas**[3] del Club. Para Pedro obtener la ayuda económica era la única forma de participar en el evento deportivo, puesto que su familia, que había llegado a Madrid desde Colombia años atrás, nunca podría pagar ese campamento con los **escasos**[4] ingresos de su padre, camarero, y de su madre, limpiadora.

Por fin se decidió a abrir la carta y allí estaba la respuesta: él era uno de los cinco candidatos seleccionados para participar en la actividad del Real Madrid de forma gratuita. Pedro dio un salto de alegría. Se iba a cumplir su sueño. Ese verano podría aprender todos los secretos de su deporte favorito y, si tenía suerte, también conocería a las estrellas de su equipo favorito. Como sus padres todavía no habían llegado a casa, corrió al parque para contar la noticia a sus amigos. En un barrio como Carabanchel, donde el **paro**[5], la pobreza y la precariedad eran el pan de cada día, las novedades positivas siempre se celebraban. Y es que, cuando,

1 **el entrenamiento –** das Training
2 **solicitar –** sich bewerben
3 **la beca –** das Stipendium
4 **escaso, -a (Adj.) –** gering, knapp, spärlich
5 **el paro –** die Arbeitslosigkeit

casualmente, la buena suerte les **rozaba**[6], renacía entre estas gentes la esperanza... la esperanza de superar aquel estado de **supervivencia**[7] para empezar a llenar su vida de **vivencias**[8]. Por eso, al conocer la fortuna de Pedro, niños y mayores, entre alegres y envidiosos, le felicitaron y soñaron con ser ellos, algún día, los **elegidos**[9].

A la mañana siguiente, en el colegio, Pedro fue el héroe de su clase. Apenas faltaban tres días para el inicio de las vacaciones escolares y él iba a ser el único chico que tendría la oportunidad de convivir durante dos semanas en la ciudad deportiva con sus ídolos del fútbol. Durante el **recreo**[10] todos jugaron al *deporte rey* mucho más motivados de lo habitual, especialmente Pedro, que quería demostrar las **dotes**[11] y la calidad de juego que le habían llevado a conseguir el gran premio. Desgraciadamente, en un **lanzamiento**[12] a portería con la punta izquierda, perdió el equilibrio y cayó sobre la **rodilla** derecha. Al intentar levantarse, Pedro sintió como un cuchillo clavado en la pierna y volvió a caer. La **lesión**[13] parecía tan grave y dolorosa que, finalmente, una ambulancia le trasladó al hospital, donde le recogió su padre. El diagnóstico fue **rotura**[14] de ligamentos cruzados y el tratamiento, **reposo**[15] absoluto durante ocho semanas. Pedro se abrazó a su papá y estalló en un llanto sin **consuelo**[16]. No lloraba por el dolor de la pierna, sino por el dolor del alma: junto a su rodilla, se habían roto sus sueños. Una vez más parecía que la buena suerte solo podía ser un **espejismo**[17] para los pobres.

Los padres de Pedro intentaron animar al muchacho durante todo el verano. Primero, escribieron al Real Madrid para informar sobre la lesión de su hijo y, de inmediato, el Club prometió **guardar**[18] su beca para el verano siguiente. Sin embargo, para un niño, un año de espera es un tiempo

das Knie

infinito y así lo sintió Pedro. En esos meses salieron con él de paseo, visitaron museos, viajaron a ciudades cercanas, trasladándole siempre en una moderna **silla de ruedas** que el servicio médico del Real Madrid había tenido la **cortesía**[19] de prestarles. Pero nada consiguió sacar a Pedro de su tristeza. En su cabeza infantil era inaceptable aquel **contratiempo**[20] del destino. Lentamente pasaron las ocho semanas y con ellas, terminó el verano, y por fin llegó septiembre. Tras la revisión de la rodilla, el médico se mostró satisfecho y aconsejó a Pedro empezar a caminar apoyado en **muletas**. Aunque sus padres intentaron convencer al niño de que aquella era una noticia estupenda, Pedro continuó mostrándose triste y desinteresado.

Como se acercaba su cumpleaños, al padre se le ocurrió prepararle una sorpresa para devolverle la **ilusión**[21]. Ese día, cuando Pedro se levantó por la mañana, sus padres lo esperaban en el salón con un enorme pastel y un **abultado**[22] regalo. El muchacho abrió el paquete y sacó un balón oficial del Real Madrid firmado por todos los jugadores. Pedro empezó a mostrar interés, preguntando a su padre:

– Pero, papá, ¿cómo lo has conseguido?

der Rollstuhl

la muleta

die Krücke

6 **rozar** – berühren
7 **la supervivencia** – das Überleben
8 **la vivencia** – das Erlebnis
9 **el/la elegido, -a** – der/die Auserwählte
10 **el recreo** – die Pause
11 **la dote** – das Talent
12 **el lanzamiento** – der Wurf
13 **lesión** – die Verletzung
14 **la rotura** – der Bruch
15 **el reposo** – die Erholung, die Ruhe
16 **el consuelo** – der Trost
17 **el espejismo** – die Illusion
18 **guardar** – aufbewahren
19 **la cortesía** – die Freundlichkeit
20 **el contratiempo** – der Zwischenfall
21 **la ilusión** – die Lust
22 **abultado, -a (Adj.)** – riesig

– Visité el Club, pedí que te **dedicaran**[23] el balón y todos los jugadores firmaron, excepto Cristiano Ronaldo, que ese día no estaba allí. Por eso, hoy tenemos que ir a Valdebebas para pedirle un autógrafo después del entrenamiento.

Así lo hicieron. Padre e hijo viajaron hasta la ciudad deportiva y allí esperaron a los jugadores. Vieron salir a Ramos, Kroos, Modric, Benzema, Bale y, finalmente, a Ronaldo. Los dos se acercaron a él todo lo posible y cuando el futbolista ya podía oírles, le mostraron el balón y le pidieron una firma. Ronaldo les vio, les oyó, e, **impasible**[24], se montó en su *Maserati* y se marchó. Decepcionados y silenciosos, Pedro y su padre caminaron despacio hacia la salida. De repente, tras ellos, escucharon el **rugido**[25] de un potente motor. Cuando se dieron la vuelta, vieron a Ronaldo que les hacía señas para que se acercaran. Al llegar a su lado, el futbolista saludó al muchacho diciendo:

– ¡Felicidades, Pedro! ¡Te firmo el balón encantado! ¿Te **apetece**[26] dar una vuelta en mi coche? Tu padre también está invitado, naturalmente.

De inmediato, los ojos de Pedro se iluminaron y, junto a su padre, subió al automóvil. Ahora sí que se sentía **tocado**[27] por la suerte. Sus amigos no podrían creerlo cuando lo contara en el barrio y en el cole. Pedro nunca olvidaría aquella sorpresa de cumpleaños que le devolvió la ilusión y los sueños.

23 **dedicar** – widmen
24 **impasible** – gleichmütig
25 **el rugido** – das Brüllen
26 **apetecer** – Lust haben
27 **tocado, -a (Adj.)** – berührt

# 37 ¡ARDE VALENCIA!

Mientras cenaba, Marta tenía por costumbre no atender al teléfono. Pero aquel día el aparato sonó durante quince minutos y en el minuto dieciséis Marta pensó que, si llamaban con tanta insistencia, la ciudad debía estar ardiendo y descolgó. En efecto, en ese momento el fuego arrasaba las *fallas* instaladas por toda Valencia. Como cada año, en la noche del diecinueve de marzo las llamas **devoraban**[1] aquellas figuras de cartón piedra que con tanta dedicación las asociaciones falleras habían creado durante meses. Para los valencianos este espectáculo era único por su mezcla **irresistible**[2] de riesgo y belleza.

das Feuerwerk
**los fuegos artificiales**

der Funke
**la chispa**

**el cohete**
der Feuerwerkskörper

1 **devorar** – verschlingen
2 **irresistible (Adj.)** – unwiderstehlich

# la joyería

der Juwelierladen

La llamada informó a Marta de que se habían producido robos en dos **joyerías** del casco histórico. Ella, como jefa del distrito, era la policía responsable de su seguridad. Inmediatamente se puso el uniforme y unos instantes después la recogió un coche patrulla para llevarla a inspeccionar la zona. Acceder esa noche al centro de la ciudad era una verdadera aventura. En casi todas las calles ardían **hogueras**[3] y estallaban cohetes y fuegos artificiales. Aquella fiesta de ruido y fuego era, por supuesto, el ambiente perfecto para cometer un **atraco**[4]. Cuando Marta llegó a la primera joyería, su compañero Tomás ya la estaba esperando. Juntos entraron en el local y comprobaron que aquel no había sido un **robo**[5] normal. Los ladrones habían puesto un explosivo en la puerta y, una vez dentro, habían *limpiado* la tienda, llevándose hasta el último gramo de oro. A continuación, los policías visitaron la segunda joyería y observaron que el procedimiento había sido idéntico. Tenía que tratarse de una banda de delincuentes profesionales y bien organizados, pensó Marta. Pero, la cuestión era cómo habían conseguido saltarse el dispositivo de seguridad que ella había organizado para esa noche y cómo habían escapado sin llamar la atención de la gente. Encargó a Tomás reunir todas las pruebas del robo para analizarlas por la mañana en la comisaría.

Al día siguiente, fue otra noticia, sin embargo, la que sorprendió a Marta: la noche anterior, en una plaza cercana a las joyerías, se había producido una **desaparición**[6], la del ***ninot indultado***[7] en las Fallas de ese año. ¡Cómo era posible tanto caos! Marta estaba **desesperada**[8]. A pesar de su larga experiencia y de su excelente organización, este año el plan de seguridad había fracasado. En esos instantes la inspectora solo deseaba salir corriendo, llegar a casa, tumbarse en la cama y llorar sin parar. Por suerte, en lugar de hacer lo que su corazón le pedía, se sentó, respiró hondo y cerró los ojos. Cuando los abrió, su mente tenía de nuevo la situación bajo control. Era la única mujer con un cargo directivo en la policía de la ciudad y no podía mostrar **debilidad**[9]. Sabía que muchos colegas llamarían «**incapacidad**[10] femenina» a lo que solo era disgusto, rabia, enfado, emociones ni femeninas ni masculinas, sino humanas. De repente, entró Tomás en su despacho y Marta **abandonó**[11] sus pensamientos. Traía novedades interesantes. Él sí que era un compañero fiel y un amigo. Gracias a Tomás su trabajo era mucho más agradable. Este contó a Marta que en las joyerías no habían encontrado **huellas**[12] ni imágenes porque los **ladrones** rompieron las cámaras de seguridad, pero tenían una nueva pista. Las cámaras exteriores de un banco habían grabado en la plaza cómo unos hombres desmontaban el *ninot indultado* y lo transportaban en un camión municipal. Los trabajadores debían llevar el muñeco salvado del fuego al Museo Fallero de Valencia, pero el ninot nunca llegó a su destino. Marta, aunque escuchaba atenta la información, no lograba

**la máscara**
die Maske

**el ladrón**
der Dieb

3 **la hoguera** – das Lagerfeuer
4 **el atraco** – der (Raub)Überfall
5 **el robo** – der Raub
6 **la desaparición** – das Verschwinden
7 **el ninot indultado** – die begnadigte Puppe (sie wird nicht verbrannt)
8 **desesperado, -a (Adj.)** – verzweifelt
9 **la debilidad** – die Schwäche
10 **la incapacidad** – die Unfähigkeit
11 **abandonar** – aufgeben
12 **la huella** – die Spur

entender qué relación había entre el robo en las joyerías y la desaparición del ninot. Fue entonces cuando Tomás explicó: «¡Es que fueron las mismas personas las que lo hicieron! Algunos **testigos**[13] ya han confirmado que vieron el camión municipal delante de las dos joyerías la pasada noche». Al oír esto, la inspectora se levantó, indicó a su compañero que salían y rápidamente se montaron en el coche para dirigirse al Ayuntamiento. Allí interrogaron al jefe de Logística sobre los **acontecimientos**[14] del día anterior. El hombre, bastante **desconcertado**[15], relató:

– Nosotros no notamos nada raro. Ayer una empresa privada realizó el trabajo de recoger el ninot. Nosotros solo teníamos que prestarle el camión y hoy hemos comprobado que el camión está de nuevo aparcado en el garaje.

Marta y Tomás se miraron extrañados:

– ¿Por qué realizó el trabajo una empresa privada? – quiso saber la policía.

– Porque así lo decidió el **alcalde**[16]. Nos envió una orden y nosotros la cumplimos – contestó este.

– ¿Podemos ver el documento? – preguntó Marta.

El funcionario buscó entre sus papeles y entregó el escrito a la inspectora. Al leerlo, Marta descubrió algo interesante y decidió llevarse el documento como un indicio para el caso. De camino a la comisaría, Tomás llamó al equipo de investigadores y ordenó revisar el camión municipal en busca de pruebas. Una vez que los dos policías estaban de nuevo en el despacho, la inspectora le mostró el papel del alcalde a su compañero. Cuando Tomás lo leyó, exclamó:

– ¡Pero si este documento no está firmado por el alcalde actual, sino por Eladio Llopis, el alcalde anterior que tuvo que dejar el cargo por sus negocios ilegales!

– Exacto, mi querido amigo, esta firma me ha dado una

nueva idea sobre el caso. Además, Tomás, ¿tú sabes a quién representa el *ninot indultado* este año?

– ¡Claro, Marta! El ninot es la caricatura del ex alcalde Llopis **rodeado**[17] de dinero negro. Creo que tenemos que visitar a ese hombre para aclarar algunas cuestiones – exclamó Tomás.

Mientras los dos policías viajaban al domicilio del ex alcalde, recibieron una llamada del equipo de pruebas. En el camión habían encontrado algunas huellas de dos delincuentes fichados por la Interpol. Eran de origen ruso y pertenecían a una agrupación mafiosa de carácter internacional. Tras conocer este dato, Tomás llamó a la comisaría para pedir **refuerzos**[18]. Marta podía confirmar que fueron miembros del crimen organizado quienes realizaron los robos en las joyerías, tal y como ella sospechó desde el principio. Estos delincuentes, **disfrazados**[19] de trabajadores municipales, habían pasado totalmente **inadvertidos**[20] para las fuerzas de seguridad. Pero todavía quedaba la tarea más difícil: descubrir qué relación existía entre el ex alcalde Llopis y la mafia rusa y por qué robaron las joyas y el ninot.

Cuando los policías llegaron al domicilio de Llopis, ya estaba allí la furgoneta de las fuerzas de asalto que les esperaban para entrar en la casa. Se acercaron a la entrada y llamaron, pero nadie abrió. Entonces, los agentes especiales **derribaron**[21] la puerta y con gran rapidez revisaron todas las habitaciones. Los policías lograron detener a dos hombres que intentaban huir por una ventana. Se trataba de los dos criminales

13 **el/la testigo** – der Zeuge/die Zeugin
14 **el acontecimiento** – das Ereignis
15 **desconcertado, -a (Adj.)** – verwirrt
16 **el/la alcalde, -sa** – der/die Bürgermeister/in
17 **rodeado, -a (Adj.)** – umgeben
18 **el refuerzo** – die Verstärkung
19 **disfrazado, -a (Adj.)** – verkleidet
20 **inadvertido, -a (Adj.)** – unbemerkt
21 **derribar** – einschlagen

rusos. El registro de la vivienda dio como resultado otro importante **hallazgo**[22]: en el garaje estaba el ninot desaparecido y dentro de él, las joyas robadas. Sin embargo, de Llopis no encontraron ni **rastro**[23].

Ya en la comisaría, Marta interrogó sin descanso a los detenidos: ¿Dónde estaba Llopis?, ¿cuál era el objetivo de los robos?, ¿por qué se llevaron el ninot indultado? De la confesión de los rusos la inspectora pudo sacar algunas conclusiones: Llopis había sido el **cerebro**[24] de la operación. Tenía **deudas**[25] con la mafia rusa por algunos trabajos sucios que les encargó en el pasado y por ello les facilitó el acceso al centro de la ciudad disfrazados de empleados municipales. Transportar el ninot indultado era la **coartada**[26] perfecta para poder realizar los robos en la noche más ruidosa del año. Además, todos se iban a beneficiar del negocio. Mientras los rusos pensaban vender las joyas fuera de España, Llopis quería quemar el ninot. Para él era una **vergüenza**[27] que su caricatura como alcalde corrupto se conservara en el Museo Fallero de la ciudad. Sólo una pregunta quedó sin respuesta: ¿Dónde estaba Llopis?, ¿por qué no había cumplido hasta el final el plan previsto? Los rusos contaron **indignados**[28] que, cuando fueron a esconder el **botín**[29], el político había desaparecido sin dejar noticias y que le estaban esperando cuando la policía les sorprendió en la vivienda. Por su **culpa**[30] el plan había fracasado y ellos estaban detenidos.

Después de mandar a la **cárcel** a los dos criminales, Marta agradeció a Tomás su ayuda incondicional y, agotada, se dirigió a su casa. Ahora sí podría tumbarse en la cama y no ocuparse más de aquel caso interminable. Sin embargo, al entrar en su piso, recogió el periódico del día y leyó en la portada «Guzmán Plá, un agricultor de Cullera, presenta pruebas para acusar de corrupción a políticos y empresarios de la región». Entre los nombres de la lista aparecía también el del ex alcalde...

– ¿Dónde estás, Eladio Llopis? Donde quiera que te escondas, **juro**[31] que te encontraré – dijo Marta en voz alta. Después, pasó por la cocina, preparó un bocadillo y se sentó a cenar delante del televisor. En ese momento sonó el teléfono.

22 **el hallazgo** – die Entdeckung
23 **el rastro** – die Spur
24 **el cerebro** – der Kopf, (hier:) der Kopf der Bande oder der Drahtzieher
25 **la deuda** – die Schuld
26 **la coartada** – das Alibi
27 **la vergüenza** – die Scham
28 **indignado, -a (Adj.)** – empört
29 **el botín** – die Beute, das Diebesgut
30 **la culpa** – die Schuld
31 **jurar** – schwören

# Las Fallas ...

... werden in **Valencia** und einigen Nachbarorten alljährlich vom 15. bis 19. März gefeiert.

Die Ursprünge dieses Festes gehen auf den Brauch der Zimmerleute zurück, in früheren Jahrhunderten Holzreste zu großen Scheiterhaufen aufzuschichten und zu verbrennen.

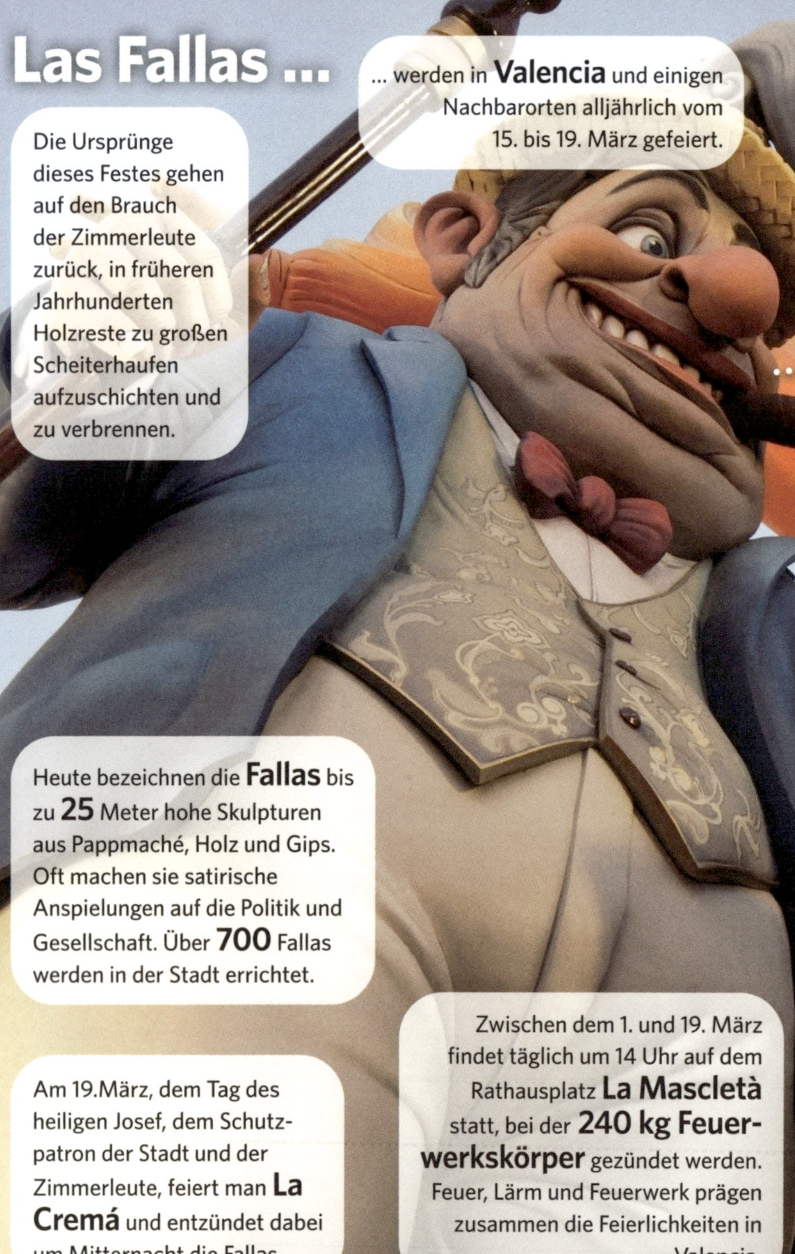

Heute bezeichnen die **Fallas** bis zu **25** Meter hohe Skulpturen aus Pappmaché, Holz und Gips. Oft machen sie satirische Anspielungen auf die Politik und Gesellschaft. Über **700** Fallas werden in der Stadt errichtet.

Zwischen dem 1. und 19. März findet täglich um 14 Uhr auf dem Rathausplatz **La Mascletà** statt, bei der **240 kg Feuerwerkskörper** gezündet werden. Feuer, Lärm und Feuerwerk prägen zusammen die Feierlichkeiten in Valencia.

Am 19.März, dem Tag des heiligen Josef, dem Schutzpatron der Stadt und der Zimmerleute, feiert man **La Cremá** und entzündet dabei um Mitternacht die Fallas.

Skulpturen, die bekannte Persönlichkeiten darstellen
Jede Falla besteht aus den **ninots**. Jedes Jahr wird ein **ninot indultat** (gerettete Puppe) per Abstimmung vor den Flammen verschont und im **Museo Fallero** aufbewahrt.
Während der Fallas in Valencia tragen die Frauen wertvolle **vestidos de fallera**. Dies sind Kleider aus Seide und Baumwolle, die mit Gold- und Silberfäden bestickt sind. Ihr Haar zieren 3 Haarknoten, die durch Steckkämme geschmückt sind.

# 38 A GOLPE DE TXAKOLI

Jon y su **cuadrilla**[1] conocieron a Chris en un bar de **Zumaia**. El **grandullón**[2] sueco estaba solo y bebía ***txakoli*** como si fuera agua. Fueron las chicas, Ainoa y Ane, las que primero se fijaron en aquel gigante rubio con la piel quemada por el sol. Aunque era frecuente encontrar surfistas nórdicos por esas playas, aquel tipo, que rondaría los cuarenta, no tenía aspecto de deportista, sino de científico loco. Y lo era. Ane le había invitado a sentarse en la mesa de los amigos y él había aceptado encantado, encantado por la belleza natural de la muchacha vasca y encantado por poder dejar sus grises pensamientos para otro momento. En la mesa intercambiaron saludos y presentaciones: Jon, Manu y Patxi, pescadores del pueblo, Ainoa y Ane, hermanas de Manu y empleadas en la fábrica de conservas de Getaria. Chris les contó que estaba en Zumaia con un equipo de geólogos de la

Universidad de Malmö, haciendo un estudio sobre el **flysch** de aquella costa. Lo que no contó Chris fue que ese mismo día había recibido noticias de su universidad, **anunciando**[3] la cancelación de su proyecto, ni contó que dos días atrás había hablado con su mujer sobre su separación definitiva. En unas pocas horas Chris había sufrido en su interior un terremoto que había **desplomado**[4] los pilares de su vida, pero eso solo él lo sabía.

La conversación del grupo aquella tarde fue animada. Todos escucharon muy interesados las anécdotas sobre viajes y descubrimientos científicos que Chris relató con voz poderosa y acento extranjero. Solo Jon no participó en la **charla**[5]. Incómodo por las miradas que Ane y Chris se cruzaban, decidió marcharse pronto a casa. Había algo en ese hombre que no le gustaba, aunque, probablemente, esta **percepción**[6] era tan solo fruto de los celos, al ver a Ane fascinada por aquel perfecto desconocido.

Das **Flysch** ist ein zumeist marines Sediment, das aus Kalk-, Sand- und anderen Steinen bestehen kann. Charakteristisch ist seine Faltenform.

1 **la cuadrilla** - die Freundesclique (im Baskenland)
2 **grandullón, -ona (Adj.)** - hoch aufgeschossen
3 **anunciar** - bekanntgeben
4 **desplomarse** - einstürzen
5 **la charla** - die Unterhaltung
6 **la percepción** - die Wahrnehmung

**el bonito** der Thunfisch

A pesar de su desconfianza, Jon no puso ningún **inconveniente**[7] cuando, al día siguiente, Manu y Patxi le dijeron que al atardecer darían todos un paseo en el **barco** por la costa entre Zumaia y Deba para escuchar una lección magistral de Chris sobre el *flysch*. A Jon le fastidiaba ver a ese hombre en su **pesquero**, pero no quería mostrar su **inquietud**[8]. Así, sobre las seis de la tarde, los cinco amigos y el científico salieron por la ría de Zumaia hacia mar abierto a bordo del *Tritón*, la pequeña embarcación pesquera con la que Jon, Manu y Patxi se ganaban la vida pescando el **bonito** del Cantábrico.

Aunque se veían nubes en el horizonte, el mar estaba tranquilo. El barco navegaba veloz y en unos minutos dejó atrás el pueblo, la playa y la ermita de San Telmo para situarse delante de los **acantilados**[9]. Chris comenzó sus explicaciones:

– Se llama *flysch* a la estructura de capas verticales que forma las elevaciones montañosas de esta costa. Las capas han **emergido**[10] por la **fricción**[11] de las placas tectónicas y cada capa tiene una antigüedad de diez mil años. Se puede decir que las capas del *flysch* son como las páginas de un libro que permiten leer a los geólogos la historia de la formación de la tierra.

Durante casi dos horas Chris habló apasionadamente sobre sus estudios. La charla fue tan interesante que hasta Jon quedó fascinado y, en silencio, **se arrepintió**[12] de haber pensado mal del científico el día anterior. Sobre las ocho Chris dio por concluida su exposición y, entre aplausos, sacó unas botellas de *txakoli*

**el barco** das Boot

**el pesquero** das Fischerboot

## la tormenta

der Sturm

para celebrar aquella excursión con sus nuevos amigos y para acompañar el momento de la puesta de sol, que ya adornaba con luces rojas el horizonte. Todos brindaron y bebieron con alegría hasta que vieron desaparecer la bola de fuego en el mar. Fue entonces cuando se dieron cuenta de que la brisa levantaba las olas y que oscuros nubarrones **avanzaban** hacia ellos. Se estaba preparando una **tormenta**. Para Jon, Manu y Patxi aquella situación era habitual y, con gran **destreza**[13], pusieron el barco rumbo a Zumaia. Estaban cerca de la costa y en unos quince minutos entrarían en la ría. No había motivos para preocuparse. Sin embargo, todos los tripulantes notaron en sus cabezas y en sus estómagos cómo el vino que habían bebido se mezclaba con el **oleaje** con consecuencias fatales.

aufziehen (hier: Wolken)

Pronto comenzaron los mareos y los **vómitos**[14]. Al principio Jon, Manu y Patxi ayudaron a Ane y Ainoa, pero, después, ellos mismos se sintieron tan **descompuestos**[15] que tuvieron que dejar el barco en manos de Chris. El científico estaba pálido, pero era el único que se mantenía en pie y, sin dudarlo, agarró el **timón** en el puente de mando asegurando que era un experto marinero. Pasados unos minutos, Jon se dio cuenta de que la ruta del barco había cambiado: en lugar de navegar

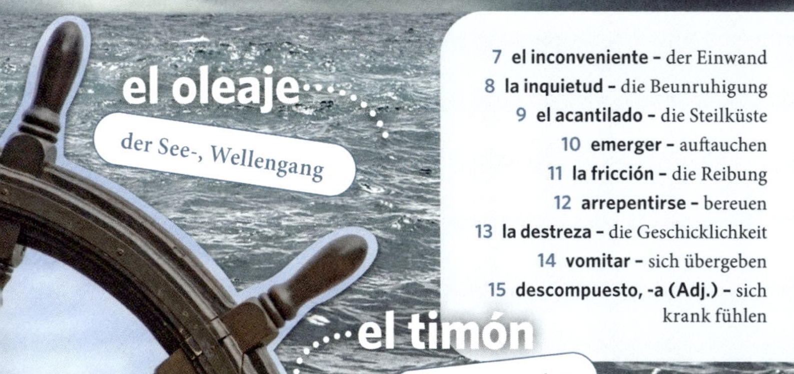

## el oleaje

der See-, Wellengang

7 **el inconveniente** – der Einwand
8 **la inquietud** – die Beunruhigung
9 **el acantilado** – die Steilküste
10 **emerger** – auftauchen
11 **la fricción** – die Reibung
12 **arrepentirse** – bereuen
13 **la destreza** – die Geschicklichkeit
14 **vomitar** – sich übergeben
15 **descompuesto, -a (Adj.)** – sich krank fühlen

## el timón

das Steuerruder

der Faustschlag

hacia el puerto, navegaba mar adentro. Con gran esfuerzo se dirigió hasta donde se encontraba Chris para darle instrucciones y corregir el rumbo, pero cuando intentó entrar en la cabina, encontró la puerta cerrada. A través del cristal vio a Chris **manejando**[16] el timón con firmeza. La expresión de su rostro era fría y distante. Le llamó, golpeó la ventana y cuando, finalmente, el científico abrió la puerta, este **asestó**[17] tal **puñetazo** a Jon que le tiró al suelo, dejándole semiinconsciente. A continuación, Chris, impasible, salió de la cabina, caminó hasta la proa donde Manu, Patxi, Ainoa y Ane aspiraban el viento y la lluvia para aliviar el mareo. A pesar de la oscuridad de la noche, los cuatro pudieron ver la enorme silueta de Chris y la pistola con la que les apuntaba.

- Ha llegado la hora –dijo Chris con voz **gélida**[18]–. Ainoa, Patxi y Manu, saltad al agua o tendré que usar el arma. Ane, tú te quedas conmigo en el barco.

Un sentimiento de terror e **indefensión**[19] se apoderó de los cuatro amigos. No entendían qué le pasaba a Chris. Solo Ane reunió el valor para preguntar:

- Chris, ¿por qué haces esto? ¿Estás bien? Si tienes un problema, nosotros podemos ayudarte.

- Cállate, Ane –ordenó Chris–. Nadie puede ayudarme. Quería ser el geólogo más prestigioso, pero fracasé en mi investigación y **mentí**[20] en mis publicaciones. Mi Universidad lo ha descubierto y me ha expulsado de la **cátedra**[21]. Ahora solo quiero huir y empezar algo nuevo contigo, Ane, donde nadie nos conozca. Pero, para conseguirlo, tus amigos tienen que desaparecer. Quizá los del pueblo encuentren sus cadáveres y confirmen que el mar **se tragó**[22] el barco en medio de la tormenta. Nadie sospechará que tú y yo estamos vivos ni que yo **tramé**[23] el plan perfecto para acabar con ellos.

Cuando terminó de hablar, Chris apuntó con la pistola a los cuatro, que, abrazados, intentaban protegerse del **inminente**[24] final. Con su mano de gigante, Chris agarró a Manu y en el momento en que iba a lanzarlo por la **borda**[25], recibió un golpe seco y certero en la cabeza que lo desequilibró, haciéndole caer al suelo y perder la pistola. Era Jon, que, al oír de lejos las palabras de Chris, se había dado cuenta de que tenía que ayudar a sus amigos. Jon siguió golpeando el cuerpo del científico con la única arma que había encontrado en la **cubierta**[26]: una botella vacía de *txakoli*. De inmediato, Manu y Patxi se unieron a Jon para acabar con la resistencia de Chris. Sin embargo, cuando finalmente lo tenían inmovilizado, una inmensa ola inundó la cubierta del barco y liberó al sueco. Éste, sin perder un segundo, se puso de pie y saltó al agua donde desapareció entre el oleaje.

Todos los amigos se quedaron **estupefactos**[27]. No podían creer lo que habían vivido. Quizá la historia no había sido más que una pesadilla en medio de la negra tempestad que les rodeaba. Solo Jon se atrevió a hablar:

- Había algo que no me gustaba en ese hombre, pero desconfié de mi intuición y pensé que solo era un científico loco. Quién podía imaginar que se trataba de un perfecto psicópata...

16 **manejar** - steuern
17 **asestar** - versetzen
18 **gélido, -a (Adj.)** - eiskalt
19 **la indefensión** - die Wehrlosigkeit
20 **mentir** - lügen
21 **la cátedra** - der Lehrstuhl
22 **tragarse** - verschlingen
23 **tramar** - aushecken
24 **inminente** - unmittelbar bevorstehend
25 **la borda** - die Reling
26 **la cubierta** - das Schiffsdeck
27 **estupefacto, -a (Adj.)** - sprachlos

# 39 LONDRES. MALLORCA. SAN FRANCISCO

Sabían que estaba prohibido y, sin embargo, lo hicieron. Bob, Robin y Mike, **borrachos hasta las trancas**, no pudieron resistir la tentación de practicar *balconing*, **lanzándose**[1] a la piscina desde el segundo piso de un hotel de Magaluf. Su profesor, Mr. Smith, los recogió a la mañana siguiente en la comisaría de policía. Al verle, los estudiantes pensaron que, aunque habían salido ilesos de su acción nocturna, no iban a tener la misma suerte con la **reprimenda**[2] que les esperaba ese día. Para su sorpresa, el profesor no les dijo ni una palabra y todos permanecieron en silencio en el taxi que les trasladó hasta el hotel donde se alojaba el grupo de estudiantes británicos. Cuando llegaron a su destino, Mr. Smith les informó de que su viaje de estudios con St. Paul's School terminaba en ese momento. Tenían que hacer las maletas y tomar el primer avión de vuelta a Londres. Los tres jóvenes estaban desolados cuando se presentaron con sus equipajes ante el profesor.

**borracho hasta las trancas** (Redew.)

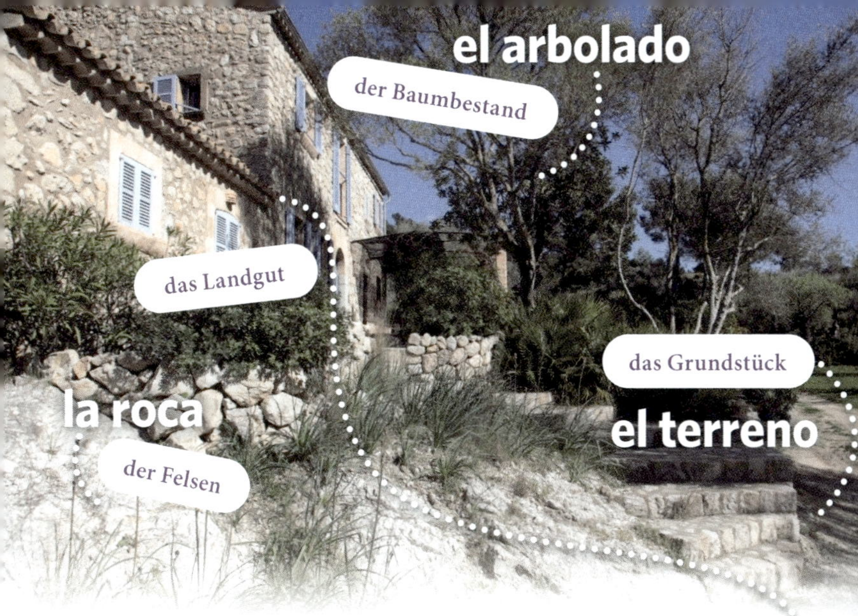


Aquello era el peor castigo que podían imaginar. Sin embargo, en el último momento, Mr. Smith les propuso una alternativa: si lo preferían, podían quedarse el resto de las vacaciones en Mallorca, pero trabajando en la **finca** de su amigo Jaume. Los chicos aceptaron la propuesta sin dudarlo y una hora más tarde ya estaban viajando en la camioneta de Jaume hacia el interior de la isla. No sabían a dónde iban, pero para dos jóvenes londinenses y un californiano ir hacia lo desconocido sonaba a aventura. Más que un **castigo**[3], aquel giro imprevisto de su viaje de estudios les parecía un premio.

1 **lanzarse –** springen
2 **la reprimenda –** die Rüge, der Verweis
3 **el castigo –** die Strafe

Una vez instalados en la finca, no tardó en desvanecerse esta ilusión: los muchachos tuvieron que alojarse en los **establos** porque no había habitaciones libres en la casa y su programa para los días siguientes incluía ocuparse de los animales y ayudar en las tareas agrícolas.

Durante la cena, en la terraza de la hacienda, conocieron a Marina, esposa de Jaume, y a Luis y Alex, trabajadores de la finca. La primera novedad fue, que para comunicarse, Bob, Robin y Mike tuvieron que utilizar el español. Aunque lo habían aprendido en la escuela, hasta ese momento no lo habían necesitado, pues su lengua materna les había abierto todas las puertas sin ningún esfuerzo. Sin embargo, en aquella mesa, donde se escuchaba mallorquín y castellano, nadie reaccionaba a sus **jocosos**[4] comentarios en inglés. Los tres chicos se dieron cuenta de que el ambiente relajado y festivo de las vacaciones se había quedado en la costa, junto a sus compañeros. Robin y Bob, como buenos chicos británicos, intentaron ganarse la simpatía de sus **anfitriones**[5] haciendo uso de su cortesía, mientras que Mike, natural de San Francisco y alumno de intercambio en el colegio inglés, probó con la típica naturalidad americana. Ninguna de las estrategias dio resultado. Marina casi no les miró, ocupada en repartir la comida y organizar el trabajo del día siguiente. Alex y Luis, de aspecto campesino y **rudos**[6] modales, les ignoraron desde el primer momento. Para ellos, aquellos chicos no eran más que tres de los miles de **descerebrados**[7] que llenaban Magaluf. Jaume solo se dirigió a ellos para explicarles las normas de la casa: estaban prohibidos todos los aparatos electrónicos, incluidos los móviles, y a las cinco de la mañana comenzaba la jornada de trabajo. Después de aquellas informaciones, los jóvenes perdieron definitivamente el apetito y se preguntaron cómo iban a sobrevivir la semana que tenían por delante. **Abatidos**[8], dieron las buenas noches y se fueron a la cama.

El rincón del establo donde se encontraban sus **camastros** estaba separado de los animales por una pequeña pared de madera. No era exactamente un lugar cómodo, pero, al menos, parecía tranquilo. Robin, Bob y Mike se acostaron, **extenuados**[9] por los acontecimientos de aquel día interminable. Antes de dormir se imaginaron que su estancia en la finca tan solo era un mal sueño y que todo terminaría a la mañana siguiente. Con tal deseo se durmieron los tres, pero, en mitad de la noche, Bob se despertó al oír extraños ruidos que llegaban desde el otro lado

**el camastro** – die Pritsche

4 **jocoso, -a (Adj.)** – witzig
5 **el/la anfitrión, -ona** – der/die Gastgeber/in
6 **rudo, -a (Adj.)** – grob
7 **descerebrado, -a (Adj.)** – hirnverbrannt
8 **abatido, -a (Adj.)** – niedergeschlagen
9 **extenuado, -a (Adj.)** – erschöpft

del **tabique**[10] de madera. Era el sonido de alguien o algo que **arrastraba**[11] sus pasos por el suelo. A Bob le parecía que los pasos se oían cada vez más cerca, por lo que, muerto de miedo, avisó a Mike y Robin. Los chicos escucharon los ruidos y permanecieron inmóviles en sus camas, preparados para defenderse si era necesario. Pasaron más de una hora oyendo el sonido de los supuestos pasos, pero nada ni nadie llegó a su *habitáculo*. Poco a poco, el sueño venció a Bob y a Mike, pero Robin, **desvelado**[12] y angustiado, se mantuvo despierto hasta las cinco de la mañana. A esa hora, Jaume apareció para despertarlos y les entregó la **ropa de faena**. A pesar del cansancio, los tres se vistieron y salieron al patio donde ya les esperaban los otros trabajadores. Antes de desayunar tuvieron que atender a los animales. A las nueve los tres **devoraron**[13] el desayuno, mientras, con palabras algo torpes, intentaban describir los sonidos y los miedos de la noche anterior. Al escuchar la historia, Jaume y Marina se rieron con ganas, explicándoles que lo que habían oído solo eran los ruidos de las vacas al dormir. Luis y Alex se miraron con gesto **burlón**[14] y volvieron a pensar que solo eran unos jovencitos ingleses **malcriados**[15]. El resto del día lo pasaron trabajando en el campo, entre olivos, frutales y almendros. Por la noche, cuando se sentaron a cenar, tenían las manos **destrozadas**[16] y les dolía todo el cuerpo. Nunca antes habían trabajado tanto ni sabían que se podían tener tantos dolores. Apenas hablaron y, cuando terminaron la cena, se fueron a la cama. Aquella noche durmieron de un tirón y

die Arbeitskleidung

ningún ruido les molestó. En los días siguientes, tuvieron que trabajar al mismo ritmo. Al principio se quejaban porque se sentían enfermos, desfallecidos, extenuados, pero ante la **impasibilidad**[17] de Jaume y las **mofas**[18] de Luis y Alex, abandonaron las quejas y se limitaron a seguir trabajando, comiendo y durmiendo. Con el paso de los días, las heridas de las manos se convirtieron en **callos**[19] y los dolores se transformaron en músculos, de manera, que al llegar el fin de semana ya no se estaban mal, sino, por el contrario, se sentían activos y fuertes. Habían realizado, por primera vez en su vida, verdadero trabajo físico. Y les había gustado. La experiencia de realizar un esfuerzo que les agotaba, pero que, a cambio, producía resultados materiales como las olivas, las almendras, la leche o los huevos era una sensación muy gratificante. El trabajo tenía sentido. Muy lejos había quedado la búsqueda de *emociones fuertes* de Magaluf.

El sábado por la mañana, Marina les sorprendió diciendo que ese día no irían al campo. A cambio tendrían que recorrer veinte kilómetros en bicicleta hasta un pueblo llamado Petra. Se trataba de una localidad pequeña, con calles estrechas, casas bajas de piedra y una enorme iglesia gótica. A Robin, Bob y Mike les gustó el lugar, pero no entendían por qué era especial. Cuando ya empezaban a aburrirse, Marina les llevó hasta un museo. Era la Casa natal del Padre Junípero Serra, el franciscano fundador de las misiones de la Alta California en el siglo XVIII. De inmediato, Mike recordó que aquel personaje era

10 **el tabique -** die Trennwand
11 **arrastrar -** ziehen
12 **desvelado, -a (Adj.) -** schlaflos
13 **devorar -** verschlingen
14 **burlón, -ona (Adj.) -** spöttisch
15 **malcriado, -a (Adj.) -** schlecht erzogen
16 **destrozado, -a (Adj.) -** kaputt, zerstört
17 **la impasibilidad -** die Gleichmütigkeit
18 **la mofa -** der Hohn, der Spott
19 **el callo -** die Hornhaut, die Schwiele

uno de los protagonistas de la historia de su ciudad, San Francisco. Le parecía increíble que de aquel pequeño pueblo hubiera salido el Padre Serra, que, junto con otros compañeros franciscanos, viajó a la Nueva España, actual México, y desde allí partió para evangelizar California. Las misiones que estos franciscanos fundaron se convirtieron en los núcleos originales de ciudades como San Diego, San Francisco o Los Ángeles. Al conocer la historia de Fray Junípero Serra, los muchachos se quedaron pensativos. ¿Por qué esos frailes españoles se aventuraron a entrar en tierras desconocidas a miles de kilómetros de su idílica isla natal? ¿Tendrían ellos alguna vez una motivación tan fuerte como para dejar todo y empezar una vida lejos de los suyos? Estas preguntas **rondaban**[20] en las cabezas de Mike, Bob y Robin cuando, al atardecer, pedalearon de regreso a la finca.

Aquella noche los jóvenes cenaron por última vez con sus compañeros y, antes de irse a la cama, agradecieron a todos lo que habían aprendido en esa semana.

Ya estaban descansando en su rincón del establo, cuando Robin recordó los ruidos de la primera noche y los tres se rieron del miedo que habían pasado. Esa última noche todo sería muy diferente. Y, en efecto, lo fue. De repente, sobre las tres de la mañana, oyeron en el exterior gritos de *fuego* y una alarma. Los chicos salieron corriendo del establo, prácticamente desnudos. Fuera no vieron ni luces ni personas, pero los sonidos eran más intensos. En plena oscuridad y asustados por la **amenaza**[21] del fuego, los tres jóvenes corrieron hasta la **alberca**[22] donde se almacenaba el agua de riego. Delante del estanque, desconcertados por las voces que gritaban «¡Fuego! ¡Fuego! ¡Sálvese quien pueda!», decidieron saltar. Cuando ya estaban en el agua oyeron risas y aplausos. Al mirar hacia atrás vieron a Jaume, Marina, Alex y Luis con

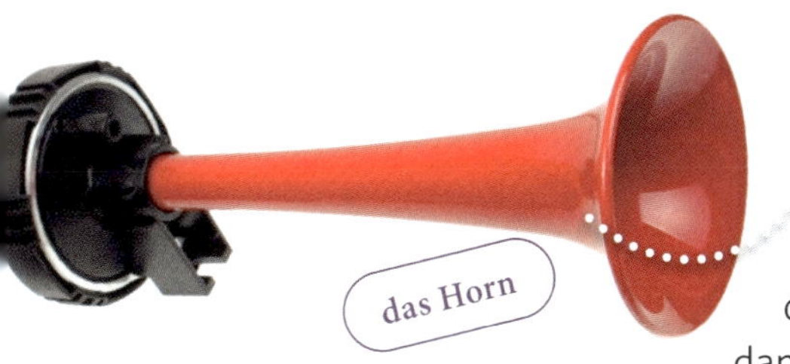


un megáfono y una **bocina**. Les habían gastado una broma de despedida, recordando sus saltos nocturnos a la piscina en Magaluf. Bob, Robin y Mike, un poco avergonzados, reconocieron que seguían siendo unos jovencitos *descerebrados* y que aún tenían mucho que aprender.

Después de secarse y vestirse, los chicos se reunieron con los demás en la terraza para brindar por el final de su estancia en Mallorca. La semana en la finca era lo mejor que habían vivido hasta entonces y los tres pidieron a sus anfitriones poder trabajar allí al verano siguiente. Como Fray Junípero Serra, ellos también habían encontrado un lugar en el mundo donde merecía la pena volver. Jaume y Marina sonrieron y asintieron. Bob, Robin y Mike tenían su casa en Mallorca para cuando quisieran regresar.

20 **rondar -** kreisen
21 **la amenaza -** die Bedrohung, die Gefahr
22 **la alberca -** der ausgemauerte Wasserbehälter

# Petra ...

... ist ein verschlafenes Städtchen mit etwas mehr als 3000 Seelen im Inneren Mallorcas. Der Kontrast zu den Partyhochburgen an der Südwestküste könnte nicht größer sein – wer Ruhe und Erholung sucht, ist hier genau richtig!

## el marès

In den Straßen der Stadt finden sich viele alte Gebäude, die aus **Marès**, gebaut sind. Es handelt sich dabei um einen besonderen Kalkstein, der auf Mallorca in Steinbrüchen abgebaut wird.

Bekannt ist Petra dafür, Geburtsort des in der Geschichte erwähnten Franziskanermönchs und Missionars **Junípero Serra** (1713–1784) zu sein.

## el/la misionero/-a

der/die Missionar/in

**Serra** wurde Mitte des 18. Jhds. nach Mexiko und später nach Kalifornien entsandt, wo er mehrere Missionsstationen gründete, aus denen Städte wie Los Angeles oder San Francisco entstanden. Seine Heiligsprechung im Jahr 2015 durch Papst Franziskus war hoch umstritten, da die Person Serras für die indigenen Völker Kaliforniens für Unterdrückung, Zwangstaufen und Zerstörung steht.

# 40 ESTACIÓN GAUDÍ

Al llegar a la redacción del periódico, Emma encontró un **sobre** sin **remite**[1] encima de su mesa. Estaba cerrado y su nombre aparecía escrito en tinta negra con una grafía gótica pasada de moda. Intrigada, lo abrió y sacó una carta escrita con la misma letra. El texto, de apenas cinco líneas, no tenía saludo ni despedida. Lo leyó deprisa y no entendió nada. La segunda vez puso más atención en la lectura, pero siguió sin comprender lo que estaba escrito. No eran más que una serie de sustantivos sin sentido,

"colūmnas, Parc Güell,
números, Sagrada Familia, crūz,
Casa Batlló, dragón..."

der Briefumschlag

Desconcertada, Emma mostró la carta a su jefa, quien, después de leerla, le recomendó tirarla a la papelera. En una ciudad como Barcelona, con casi dos millones de habitantes, no era extraño que **surgieran**[2] este tipo de locos obsesionados con Gaudí. Emma se guardó la carta en el pantalón y siguió trabajando. Llevaba dos meses en la sección *Sucesos*, pero todavía no había escrito ni un artículo interesante, trascendente o llamativo. Por primera vez en toda su carrera se aburría. Al mediodía, como era habitual, comió con su novio, Pau, el redactor de deportes, y le enseñó el papel anónimo. A él le pareció divertida

1 **el remite** – der Absender
2 **surgir** – erscheinen

aquella **enigmática**[3] sopa de nombres y le propuso a Emma **descifrarla**[4] después del trabajo.

Por la tarde, sentados en su café favorito, Emma y Pau leyeron y releyeron los sustantivos de la carta. Lo más original que se les ocurrió fue escribir algunas de las palabras en Google para hacer una búsqueda con ellas. Entre los miles de resultados que aparecieron, la mayoría extravagantes, se interesaron por una web que hablaba sobre los símbolos de Gaudí. Según esta página, el artista adoraba el lenguaje simbólico y decoró sus construcciones con todo tipo de signos cristianos, mitológicos y **paganos**[5]. De pronto, Emma recibió un sms en su móvil: «**Parc Güell**, escalinata, dieciocho horas». Emma sintió un **escalofrío**[6] al comprobar que el autor del anónimo conocía su número. Pau, más tranquilo, propuso seguir las instrucciones para descubrir cuál era el misterio de los mensajes.

A la hora fijada, la pareja estaba frente a la escalinata del Parc Güell. Un nuevo sms llegó al móvil. Esta vez contenía la dirección de un blog sobre esoterismo. Mientras que para Emma el tema de los mensajes estaba tomando una orientación desagradable, para Pau, cada vez era más divertido. Él no creía en significados ocultos, pero le parecía **entretenido**[7] aquel juego de enigmas. **Echaron una ojeada**[8] al blog y se detuvieron a leer algunos datos sobre Gaudí. Allí se decía que sus símbolos eran un lenguaje codificado que había que descifrar. Por ejemplo, sus cruces de seis brazos no eran religiosas, sino típicas de las sociedades secretas, igual que tenían su propio significado animales como la serpiente, el

**Antoni Gaudís Stil** ist bekannt für seine runden, organisch wirkenden Formen. Gaudí wurde 1890 durch den Unternehmer Güell mit dem Bau einer Gartenstadt, **Park Güell**, beauftragt. Natur und Wohnen bilden hier eine gleichberechtigte Symbiose.

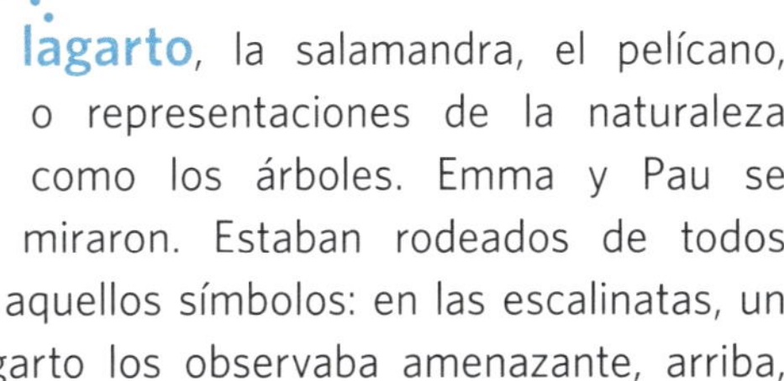


**lagarto**, la salamandra, el pelícano, o representaciones de la naturaleza como los árboles. Emma y Pau se miraron. Estaban rodeados de todos aquellos símbolos: en las escalinatas, un lagarto los observaba amenazante, arriba, las columnas formaban un bosque de árboles secos, las cruces coronaban las torres del parque. El móvil de Emma sonó de nuevo. Un sms decía: «Casa Batlló. Tejado». Hasta allí se dirigieron y, al situarse delante de la casa, tuvieron la sensación de que la fachada, con sus formas **sinuosas** y sus balcones **horadados**[9], representaba el **rostro**[10] de una monstruo de mil ojos. Enseguida volvió a sonar el móvil. Esta vez era un e-mail con un documento adjunto titulado «Dragón». Pau y Emma levantaron la cabeza y allí estaba: el **tejado** de la casa Batlló era el **cuerpo de un dragón**, el animal fantástico favorito de Gaudí. El texto explicaba que este ser imaginario se relacionaba con la lucha entre el bien y el mal. Emma y Pau no sabían qué pensar. Ante tantos símbolos, ¿sería verdad que existía en la obra de Gaudí un lenguaje hermético? ¿Habría pertenecido el arquitecto a alguna sociedad secreta? En medio de un mar de dudas, Emma recibió otro mensaje: «Sagrada Familia. Números. Subirachs».

3 **enigmático, -a (Adj.)** – geheimnisvoll, rätselhaft
4 **descrifrar** – entschlüsseln, entziffern
5 **pagano, -a (Adj.)** – heidnisch
6 **el escalofrío** – der Schauder
7 **entretenido, -a (Adj.)** – unterhaltsam
8 **echar una ojeada** – einen Blick auf etwas werfen
9 **horadado, -a (Adj.)** – durchlöchert
10 **el rostro** – das Antlitz, das Gesicht

Ya era de noche cuando llegaron a la basílica de la Sagrada Familia. Estaban ante la obra maestra de Gaudí, en la que se unían su arquitectura fantástica y su repertorio simbólico completo. Iluminada por focos, la decoración del templo adquiría un aspecto enigmático. Emma y Pau caminaron hasta la fachada de la Pasión, realizada por otro artista catalán, **Josep Maria Subirachs**. En una pared descubrieron los *números*: un cuadrado mágico de cifras que sumaban treinta y tres, el número de grados de la masonería. ¿Por qué incluyó Subirachs este símbolo? ¿Sería Gaudí masón? Cada vez se hacían más preguntas.

Cuando Pau y Emma, confusos y cansados, ya habían decidido irse a casa, llegó un sms que decía «Último mensaje: Estación Gaudí» y añadía el nombre y el número de una calle. El lugar estaba próximo a la basílica, pero ellos no conocían ninguna «Estación Gaudí» en los alrededores. Sabían tan solo que por allí pasaba la línea 2 del metro. Al llegar al número de la calle que indicaba el sms, observaron que había una puerta sucia y abandonada, pero abierta. La empujaron y entraron en un portal oscuro con unas escaleras que conducían hacia al nivel subterráneo. Sin más iluminación que la linterna de sus móviles, bajaron y encontraron otra puerta. Para su sorpresa, esta también se abrió y continuaron caminando muy despacio. Poco a poco fueron escuchando con más **nitidez**[11] voces y a lo lejos vieron una luz. Con absoluto **sigilo**[12] llegaron hasta el lugar alumbrado. Desde una esquina asomaron la cabeza y vieron que se trataba de una estación de metro llamada «Gaudí». Así pues, la información del mensaje era cierta. La estación Gaudí existía, aunque no estaba marcada en la red de metro de la ciudad. En el centro de andén pudieron distinguir un círculo de velas que rodeaba un triángulo. A su alrededor, gente con túnicas negras se movía y recitaba mantras. De pronto, un hombre vestido de rojo con un gato en los brazos clavó un cuchillo en el cuello del animal y **esparció**[13] la sangre entre los asistentes. Emma y Pau eran testigos de un ritual satánico en pleno siglo XXI. Horrorizados por el espectáculo, pero sin hacer ni un ruido salieron de la estación subterránea. Ya en el exterior llamaron a la policía.

De repente, para Emma y Pau el interés por los símbolos de Gaudí había pasado a un segundo plano. Quizá el objetivo de todos los mensajes de ese día solo había sido conducirles hasta la secta secreta en el subsuelo de Barcelona. En cualquier caso, Emma tenía claro lo fundamental: a la mañana siguiente habría una noticia sensacional en su sección del diario. Los lectores ya no olvidarían el nombre de Emma Fontana, la mejor periodista de sucesos de la ciudad.

Die Basilika **Sagrada Família** von Antoni Gaudí ist bis heute unvollendet. Geplant ist ihre Fertigstellung, nach 144 Jahren Bauzeit, im Jahr 2026.

Im Jahr 1986 begann der Maler und Bildhauer **Subirachs** mit der Gestaltung der **Passionsfassade**, die den Leidensweg Christi zeigt.

11 **la nitidez** – die Klarheit, die Schärfe
12 **el sigilo** – die Stille
13 **esparcir** – spritzen

# BILDNACHWEIS

**U1** Getty Images (ManuelVelasco), München; **U1** Getty Images (setory), München; **U1** Getty Images (F.J. Jimenez), München; **U1** Getty Images (diego_cervo), München; **U1** Getty Images (Matteo Colombo), München; **1.1** Shutterstock (PHB.cz (Richard Semik)), New York; **3.1, 128.1** iStockphoto (sergeyskleznev), Calgary, Alberta; **4.1, 126.1** Shutterstock (Stas Moroz), New York; **4.2** (Foto: Dr. Sonsoles Gómez Cabornero),; **4.3** (Foto: Iván Reymóndez Fernández),; **4.4** (Foto: Manuel Vila Baleato),; **5.1** Shutterstock (Volina), New York; **6.1, 104.2, 104.3** Shutterstock (Anneka), New York; **6.2, 129.1** Fotolia (stockphoto-graf), New York; **7.1** Shutterstock (Juergen Faelchle), New York; **7.2, 48.2** Shutterstock (OSTILL is Franck Camhi), New York; **8.1** Getty Images (DoloresGiraldez), München; **9.1** Shutterstock (Olinda), New York; **10.1** Wikimedia Commons (FERNANDES Gilbert), San Francisco; **10.2** Wikimedia Commons (doilacara.net Creative Commons BY-2.0), San Francisco; **10.3** Shutterstock (Alfonso de Tomas), New York; **10.4** Wikimedia Commons (Tamorlan), San Francisco; **11.1** Shutterstock (Pixel-Shot), New York; **12.1** Shutterstock (Sombat Muycheen), New York; **12.2** Wikimedia Commons (Eric Koch / Anefo), San Francisco; **12.3** Shutterstock (Lothar Drechsel), New York; **12.4** _562403; **13.1** Shutterstock (Zoe Esteban), New York; **13.2** Shutterstock (Rocketclips, Inc.), New York; **14.1** Shutterstock (Iakov Filimonov), New York; **15.1** Shutterstock (imagestockdesign), New York; **15.2** Shutterstock (Bozhena Melnyk), New York; **16.1** Shutterstock (Eoghan McNally), New York; **18.1** Shutterstock (Flas100), New York; **19.1** Shutterstock (alexandre zveiger), New York; **19.2** Shutterstock (Jacky Lawrence), New York; **20.1** Shutterstock (perfectlab), New York; **20.2** Shutterstock (Monstar Studio), New York; **20.3** Shutterstock (joserpizarro), New York; **20.4** Shutterstock (Juan Aunion), New York; **21.1** Getty Images (Luis Davilla), München; **21.2** Getty Images (Owen Franken), München; **21.3** Shutterstock (George3973), New York; **22.1** Shutterstock (nito), New York; **23.1** Shutterstock (Matyi012345), New York; **25.1** Getty Images (STEEX), München; **26.1** Getty Images (letty17), München; **26.2** Shutterstock (nito), New York; **27.1** PONS GmbH (Kai Bach), Stuttgart; **27.2** Getty Images (Kerrick), München; **27.3** Shutterstock (Mariasokphoto), New York; **28.1** Shutterstock (freisein), New York; **29.1** Getty Images (nito100), München; **29.2** Getty Images (Digital Vision), München; **30.1** Shutterstock (Monika Hunackova), New York; **30.2** Getty Images (Jorg Greuel), München; **31.1** Shutterstock (Kite_rin), New York; **31.2** Getty Images (Allard1), München; **31.3** Shutterstock (el lobo), New York; **31.4** Shutterstock (Nikiforov Alexander), New York; **32.1, 34.1, 36.1** PONS GmbH (Kai Bach), Stuttgart; **33.1** Shutterstock (Lora Sutyagina), New York; **33.2** Shutterstock (77pixels), New York; **33.3** Getty Images (Yagi Studio), München; **35.1** Shutterstock (Nils_Koalasson), New York; **37.1** Getty Images (Shaun Egan), München; **38.1** Shutterstock (Marc Venema), New York; **38.2** Shutterstock (nito), New York; **38.3** Getty Images (Ingenui), München; **39.1** Shutterstock (Zoriana Zaitseva), New York; **40.1** Shutterstock (Guillermo del Olmo), New York; **42.1** Shutterstock (Dmitry_Skvortsov), New York; **43.1** Shutterstock (Iakov Filimonov), New York; **43.2** Getty Images (webphotographeer), München; **44.1** Shutterstock (Martin Schuetz), New York; **45.1** Getty Images (pattonmania), München; **47.1** Shutterstock (Iakov Filimonov), New York; **47.2** Getty Images (Jacek_Sopotnicki), München; **48.1** Getty Images (Image Source), München; **49.1** Shutterstock (Elena Dijour), New York; **49.2** Getty Images (pixhook), München; **49.3** Shutterstock (frantic00), New York; **49.4** Wikimedia Commons (Irekia), San Francisco; **50.1** Shutterstock (Naruedom Yaempongsa), New York; **50.2** Shutterstock (Jan Ziegler), New York; **51.1** Shutterstock (Marco Ramerini), New York; **51.2** Shutterstock (Zurijeta), New York; **52.1** Shutterstock (Yuri Turkov), New York; **52.2** Shutterstock (Kzenon), New York; **54.1** Shutterstock (jeff gynane), New York; **54.2** Getty Images (Matt Carr), München; **55.1** Shutterstock (Benoist), New York; **56.1** Shutterstock (IgorShishkin), New York; **58.1** Shutterstock (Photographee.eu), New York; **58.2** Shutterstock (Almazan Fotografia), New York; **59.1** Getty Images (izusek), München; **60.1** Shutterstock (Cameris), New York; **61.1** Shutterstock (Lena Lir), New York; **62.1** Shutterstock (A.B.G.), New York; **63.1** Wikimedia Commons (Diego Rodríguez de Silva y Velázquez - The Yorck Project (2002), distributed by DIRECTMEDIA Publishing GmbH., Gemeinfrei), San Francisco; **63.2** Wikimedia Commons, San Francisco; **64.1** Getty Images (alistano), München; **64.2** Getty Images (DoloresGiraldez), München; **65.1** Getty Images (bluejayphoto), München; **65.2** Shutterstock (dikobraziy), New York; **65.3** Shutterstock (Plateresca), New York; **66.1** Shutterstock (GagliardiImages), New York; **67.1** Shutterstock (Ionov Vitaly), New York; **67.2** Getty Images (huePhotography), München; **68.1** Shutterstock (Tono Balaguer), New York; **70.1** Shutterstock (Pecold), New York; **71.1** Shutterstock (s74), New York; **71.2** Shutterstock (Pat_Hastings), New York; **72.1** Shutterstock (from my point of view), New York; **74.1** Wikimedia Commons (Alonso de Cartagena), San Francisco; **74.2** Shutterstock (KarSol), New York; **75.1** Getty Images (drbImages), München; **75.2** Shutterstock (aaabbbccc), New York; **76.1** Shutterstock (Chere), New York; **78.1** Shutterstock (Tamara Kulikova), New York; **79.1** Shutterstock (joserpizarro), New York; **79.2** Shutterstock (COLOMBO NICOLA), New York; **79.3** Shutterstock (nito), New York; **79.4** Shutterstock (Ljupco Smokovski), New York; **80.1** Shutterstock (joserpizarro), New York; **80.2** Shutterstock (laranik), New York; **80.3** Shutterstock (Jose Carrasco), New York; **80.4** Shutterstock (Olga Kot Photo), New York; **81.1** Shutterstock (Ilkin Zeferli), New York; **82.1** Getty Images

(Hinterhaus Productions), München; **83.1** Getty Images (Olga_Danylenko), München; **83.2** Shutterstock (Eugene Ga), New York; **84.1** Getty Images (ronstik), München; **85.1** Shutterstock (RossHelen), New York; **87.1** Shutterstock (ksl), New York; **88.1** Shutterstock (RossHelen), New York; **88.2** Getty Images (Ingenui), München; **88.3** Shutterstock (Karol Kozlowski), New York; **88.4** Shutterstock (Markus Lange), New York; **89.1** Shutterstock (Eric Isselee), New York; **89.2** Getty Images (PEDRE), München; **89.3** Shutterstock (Tamara Kulikova), New York; **89.4** Getty Images (xavierarnau), München; **90.1** Getty Images (amoklv), München; **90.2** Shutterstock (Liyba Dozz), New York; **91.1** Shutterstock (tanuha2001), New York; **91.2** Shutterstock (Caron Badkin), New York; **92.1** Shutterstock (Pabkov), New York; **93.1** Shutterstock (Caron Badkin), New York; **93.2** Shutterstock (Cmspic), New York; **94.1** Shutterstock (Studioimagen73), New York; **95.1** Shutterstock (ANNA TITOVA), New York; **96.1** Getty Images (neirfy), München; **97.1** Getty Images (photooiasson), München; **97.2** Shutterstock (Carlos Amarillo), New York; **98.1** Getty Images (Michal Krakowiak), München; **98.2** Getty Images (Robert George Young), München; **98.3** Shutterstock (KikoStock), New York; **98.4** Shutterstock (Nicholas Courtney), New York; **99.1** Getty Images (AlonsoAguilar), München; **99.2** Shutterstock (Leszek Glasner), New York; **100.1** Shutterstock (Anastasia Krutikova), New York; **101.1** Getty Images (Rimma_ Bondarenko), München; **101.2** Getty Images (ManuelVelasco), München; **102.1** Getty Images (peeterv), München; **102.2** Shutterstock (Mikhail Zahranichny), New York; **103.1** Getty Images (GlobalStock), München; **104.1** Getty Images (AntonioGuillem), München; **105.1** Shutterstock (Alfredo Garcia Saz), New York; **106.1** Shutterstock (Cynthia Liang), New York; **107.1** Getty Images (bluejayphoto), München; **107.2** Getty Images (pabkov), München; **107.3** Getty Images (AhavatHaEmet), München; **108.1** Getty Images (LUNAMARINA), München; **108.2** Wikimedia Commons (By Tamorlan - Own work, CC BY-SA 3.0), San Francisco; **108.3** Shutterstock (Pierre-Olivier), New York; **109.1** Getty Images (DoloresGiraldez), München; **109.2** Getty Images (DoloresGiraldez), München; **109.4** Getty Images (Claudia Salat), München; **110.1** Shutterstock (Ivan Marc), New York; **111.1** Getty Images (greg801), München; **111.2** Shutterstock (Imageman), New York; **112.1** Shutterstock (Fiesta Photography), New York; **113.1** Shutterstock (donfiore), New York; **114.1** Wikimedia Commons (By Flothi, CC BY-SA 3.0), San Francisco; **114.2** Shutterstock (BortN66), New York; **115.1** Getty Images (Jitalia17), München; **115.2** Getty Images (Neyya), München; **115.3** Shutterstock (IMAG3S), New York; **116.1** Shutterstock (KarSol), New York; **116.2** Getty Images (DNY59), München; **118.1** Getty Images (ideeone), München; **118.2** Shutterstock (Andrius_Saz), New York; **119.1** Getty Images (Nastasic), München; **119.2** Getty Images (ManuelVelasco), München; **119.3** Getty Images (aluxum), München; **120.1** Getty Images (apgestoso), München; **120.2** Shutterstock (wavebreakmedia), New York; **121.1** Shutterstock (Plateresca), New York; **121.2** Getty Images (Thomas Barwick), München; **121.3** Shutterstock (JM Travel Photography), New York; **123.1** Shutterstock (Tono Balaguer), New York; **123.2** Shutterstock (ProStockStudio), New York; **124.1** Shutterstock (Tono Balaguer), New York; **126.2** Shutterstock (Plateresca), New York; **127.1** Shutterstock (mimohe), New York; **127.2** Shutterstock (alexat25), New York; **130.1** Fotolia (yurakp), New York; **134.1** Fotolia (Comugnero Silvana), New York; **134.2** Fotolia (kreus), New York; **136.1** Shutterstock (nito), New York; **136.2** Shutterstock (anat chant), New York; **138.1** Fotolia (mrks_v), New York; **140.1** Fotolia (JackF), New York; **142.1** Fotolia (nikolarakic), New York; **144.1** Fotolia (Andi.es), New York; **144.2** Fotolia (amphaiwan), New York; **144.3** Fotolia (Cio18), New York; **145.1, 145.2** Fotolia (Rozmarina), New York; **146.1** Shutterstock (Photomarine), New York; **148.1** Shutterstock (Olga Danylenko), New York; **150.1** Shutterstock (nito), New York; **151.1** Shutterstock (JIANG HONGYAN), New York; **151.2** Shutterstock (DenisNata), New York; **151.3** Shutterstock (eurobanks), New York; **151.4** Shutterstock (Coprid), New York; **151.5** Shutterstock (Ad Oculos), New York; **152.1** Shutterstock (Rafael Ramirez Lee), New York; **153.1** Fotolia (thodonal), New York; **157.1** Shutterstock (ronnybas frimages), New York; **158.1** Shutterstock (Rolf E. Staer), New York; **158.2** Fotolia (Oscar Espinosa), New York; **159.1** Fotolia (dedi), New York; **162.1** iStockphoto (franllera), Calgary, Alberta; **162.2** Fotolia (Photographee.eu), New York; **164.1** Fotolia (Vlad Ivantcov), New York; **164.2** Fotolia (silencefoto), New York; **164.3** Shutterstock (wimammoth), New York; **165.1** Shutterstock (bonchan), New York; **166.1** Shutterstock (Karol Kozlowski), New York; **167.1** Shutterstock (Daniela Pelazza), New York; **168.1** Shutterstock (avarand), New York; **171.1** Shutterstock (Raquel Pedrosa), New York; **172.1** Shutterstock (Luis Cagiao), New York; **172.2** Shutterstock (Toniflap), New York; **172.3** Shutterstock (Rainer Lesniewsk), New York; **172.4** Shutterstock (Kada), New York; **173.1** Shutterstock (FCG), New York; **174.1** Fotolia (sumire8), New York; **176.1** Fotolia (Antonioguillem), New York; **177.1** Shutterstock (pathdoc), New York; **177.2** Shutterstock (Kues), New York; **178.1** Fotolia (eyewave), New York; **178.2** Fotolia (fotoknips), New York; **179.1** Fotolia (Richard Villalon), New York; **181.1** Shutterstock (bimserd), New York; **183.1, 183.2** Shutterstock (DenisNata), New York; **184.1** Shutterstock (pedrolieb), New York; **184.2** Shutterstock (Aaron Amat), New York; **184.3, 184.4** Shutterstock (Antonio Gravante), New York; **184.5, 186.2** Shutterstock (jannoon028), New York; **185.1** Shutterstock (DnD-Production.com), New York; **186.1** Shutterstock (Eric Isselee), New York; **186.3** Shutterstock (Eric Isselee), New York; **186.4** Shutterstock (TTstudio), New York; **186.5** Shutterstock (nito), New York; **187.1** iStockphoto (GlobalP), Calgary, Alberta; **188.1** iStockphoto (ilbusca), Calgary, Alberta; **189.1** iStockphoto (salsachica), Calgary, Alberta; **189.2** Shutterstock (enricoRubicondo), New York; **189.3** Shutterstock (imstock), New York; **189.4** iStockphoto (Aneb), Calgary, Alberta; **190.1** Shutterstock (Santi Rodriguez), New York; **190.2** Shutterstock (Mimadeo), New York; **193.1, 200.1** Shutterstock (holbox), New

York; **193.2** Fotolia (PANORAMO), New York; **193.3** iStockphoto (AlexRaths), Calgary, Alberta; **194.1** Shutterstock (Daniela Pelazza), New York; **194.2** iStockphoto (DNY59), Calgary, Alberta; **194.3** iStockphoto (Andrey Prokhorov), Calgary, Alberta; **194.4**,; **195.1** Shutterstock (holbox), New York; **196.1** iStockphoto (cristianl), Calgary, Alberta; **196.2** iStockphoto (Marc Dufresne), Calgary, Alberta; **196.3** iStockphoto (OurPersonalPhotographer), Calgary, Alberta; **198.1** iStockphoto (Kerstin Waurick), Calgary, Alberta; **198.2** Shutterstock (Seqoya), New York; **198.3, 201.1** Shutterstock (MIGUEL GARCIA SAAVEDRA), New York; **202.1** _562403; **202.2** iStockphoto (peder77), Calgary, Alberta; **203.1** Shutterstock (Yuryev Pavel), New York; **205.1** Thinkstock (Swelll), München; **206.1** Thinkstock (RaidenV), München; **208.1** iStockphoto (benoitb), Calgary, Alberta; **208.2** Shutterstock (Sean Pavone), New York; **210.1, 210.2, 210.3, 211.1, 211.2, 2** Shutterstock (Neveshkin Nikolay), New York; **212.1** Shutterstock (Neftali), New York; **213.1** iStockphoto (Barcin), Calgary, Alberta; **213.2** Shutterstock (charnsitr), New York; **214.1, 214.2** Shutterstock (Andi Berger), New York; **215.1** iStockphoto (Maica), Calgary, Alberta; **215.2** iStockphoto (pixhook), Calgary, Alberta; **217.1** Shutterstock (LUISMARTIN), New York; **218.1** Thinkstock (alan64), München; **218.2** Shutterstock (FCG), New York; **219.1** iStockphoto (AndreyPopov), Calgary, Alberta; **223.1** iStockphoto (OK-Photography), Calgary, Alberta; **224.1** Shutterstock (Pabkov), New York; **225.1** Shutterstock (FCG), New York; **226.1** Shutterstock (Jesus Keller), New York; **226.2** Shutterstock (werbeantrieb), New York; **226.3** iStockphoto (aluxum), Calgary, Alberta; **227.1** Shutterstock (Alberto Loyo), New York; **228.1** Thinkstock (LUNAMARINA), München; **228.2** Shutterstock (9comeback), New York; **229.1** Shutterstock (Angelina Babii), New York; **229.2** Shutterstock (Angela Rohde), New York; **230.1** Shutterstock (Kidsada Manchinda), New York; **232.1** Thinkstock (Pigorigor), München; **232.2** Thinkstock, München; **233.1** Thinkstock (ideeone), München; **234.1** iStockphoto (WoodyUpstate), Calgary, Alberta; **235.1** Shutterstock (Vereshchagin Dmitry), New York; **236.1** Thinkstock (AndreyPopov), München; **239.1** iStockphoto (Difydave), Calgary, Alberta; **240.1** Getty Images (Alex), München; **240.2** Getty Images (bpperry), München; **241.1** Shutterstock (USBFCO), New York; **242.1** Fotolia.com (Alberto Masnovo), New York; **243.1** Shutterstock (Sergei Aleshin), New York; **243.2** iStockphoto (Nikada), Calgary, Alberta; **245.1** Shutterstock (funkyfrogstock), New York